AF565904

Die Kunst, sich zu verlieren

REBECCA SOLNIT

Die Kunst, sich zu verlieren

Ein Wegweiser

Aus dem amerikanischen Englisch
von Michael Mundhenk

Matthes & Seitz Berlin

Inhalt

Offene Tür

Das erste Mal betrank ich mich mit Elias' Wein. Ich war acht oder so. Es war Passah, das Fest, an dem die Flucht aus Ägypten und, allgemeiner, die Freiheit gefeiert wird. Ich saß bei den Großen am Tisch, denn meine Eltern und dieses andere Ehepaar hatten zusammen insgesamt fünf Jungen, weshalb die Erwachsenen beschlossen hatten, es wäre besser für mich, ich würde von ihrer statt von meiner Generation ignoriert. Die Decke war orange-rot gemustert und der ganze Tisch voller Gläser, Teller, Schüsseln, Silberbestecke und Kerzen. Ich verwechselte den Stielkelch, der für den Propheten hingestellt worden war, mit meinem Schnapsglas, das direkt daneben stand und ebenfalls süßen rubinroten Wein enthielt, und trank versehentlich den Kelch aus. Als meine Mutter es schließlich merkte, ließ ich mich etwas zur Seite sacken und grinste leicht, doch als sie eine verärgerte Miene aufsetzte, spielte ich die Nüchterne statt die Beschwipste.

Sie war eine abtrünnige Katholikin, die andere Frau eine ehemalige Protestantin, aber die beiden Männer waren Juden, und die Frauen meinten, für die Kinder wäre es gut, den alten Brauch weiter zu pflegen. Weshalb für Elias das Passah-Weinglas hingestellt wurde. In manchen Versionen kehrt er am Ende der Zeit auf die Erde zurück und beantwortet alle unbeantwortbaren Fragen. In anderen wandert er, in Lumpen gehüllt, auf der Erde umher und beantwortet den Gelehrten schwierige Fragen. Ich weiß nicht, ob damals auch der Rest der Tradition befolgt und eine Tür aufgelassen wurde, damit er hereinkommen konnte, doch kann ich mir durchaus vorstellen, dass die orangefarbene Haustür oder eine der gläsernen Schiebetüren, die in den Garten dieses in einem kleinen Tal gelegenen, im Rancherstil gebauten Hauses führten, für die kühle Luft der Frühlingsnacht offen stand. Normalerweise schlossen wir die Türen immer ab, obwohl in diesem nördlichsten Wohngebiet des Countys nichts Unerwartetes die Straße herunterkam, außer Wild – Rehe, die in den frühen Morgenstunden mit ihren Hufen über den Asphalt klapp-klapp-klapperten, Waschbären und Stinktiere, die sich im Gebüsch versteckten. Dieses Öffnen der Tür für die Nacht, für die Prophezeiung und das Ende der Zeit wäre ein aufregender Verstoß gegen die üblichen Regeln gewesen. Und ich weiß auch nicht mehr, was sich mir durch den Wein eröffnete – vielleicht ein unbeschwerterer Abstand zu der Unterhaltung, die im wahrsten Sinne des Wortes über meinen Kopf hinweg stattfand, ein Gefühl der Gelassenheit in der plötzlich spürbaren Schwere eines kleinen Körpers auf diesem mittelgroßen Planeten.

Lass die Tür offen für das Unbekannte, die Tür in die Dunkelheit. Dort kommen die wichtigsten Dinge her, dort bist du selbst hergekommen, und dort wirst du auch wieder hingehen. Vor drei Jahren veranstaltete ich einen Workshop in den Rocky Mountains. Eine Studentin brachte ein Zitat mit, das, wie sie sagte, von dem vorsokratischen Philosophen Menon stammte. Es lautete: »Auf welche Weise willst du dasjenige suchen, wovon du ganz und gar nicht weißt, was es ist?« Ich schrieb es mir auf und habe es seither nicht mehr vergessen. Die Studentin machte großformatige transparente Unterwasserfotografien von Schwimmern und hängte sie an die Decke, damit das Licht durch sie hindurchscheinen konnte, sodass die Schatten der Schwimmer über einen hinwegglitten, während man sich in dem Raum bewegte, einem Raum, der selbst aquatisch und geheimnisvoll wirkte. Die Frage, die sie bei sich trug, schien mir die grundlegende taktische Frage des Lebens überhaupt zu sein. Die Dinge, die wir uns wünschen, sind transformativ, und wir wissen nicht oder glauben nur zu wissen, was auf der anderen Seite dieser Verwandlung liegt. Liebe, Weisheit, Würde, Inspiration – wie soll man diese Dinge suchen und finden, Dinge, bei denen es in gewisser Hinsicht auch darum geht, die Grenzen des Ichs auf unbekanntes Territorium zu erweitern, jemand anderes zu werden?

Auf jeden Fall ist das Unbekannte, die Idee oder Form oder Geschichte, die sich noch nicht eingestellt hat, das, was alle Künstler und Künstlerinnen finden müssen. Es ist ihre Aufgabe, Türen zu öffnen und Prophezeiungen, das Unbekannte, das Ungewohnte einzuladen – dort hat ihre Arbeit ihren Ursprung; hat es sich dann eingefunden, signalisiert dies den Beginn des langen, disziplinierten Prozesses, es sich zu eigen zu machen. Auch Wissenschaftler, wie J. Robert Oppenheimer einmal bemerkte, »leben immer am ›Rand des Mysteriums‹ – an der Grenze des Unbekannten«. Doch transformieren sie das Unbekannte in das Bekannte, holen es wie Fischer ein; Künstler und Künstlerinnen dagegen nehmen einen mit hinaus auf jene dunkle See.

Edgar Allan Poe verkündete: »Was philosophische Entdeckungen anbelangt, so lehrt uns alle Erfahrung, dass es bei solchen Entdeckungen das Unvorhergesehene ist, das wir am meisten in Rechnung stellen müssen.« Ganz bewusst setzt Poe den Begriff »in Rechnung stellen«, der ein kaltes Zusammenzählen von Fakten oder Zahlen impliziert, neben das »Unvorhergesehene«, das nicht gemessen oder gezählt, sondern nur antizipiert werden kann. Wie stellt man das Unvorhergesehene in Rechnung? Es scheint eine Kunst zu sein, die Rolle des Unvorhergesehenen zu erkennen, inmitten von Überraschungen das Gleichgewicht zu bewahren, mit dem Zufall zusammenzuarbeiten, zu begreifen, dass es auf der Welt einige grundlegende Mysterien gibt und das Berechnen, das Planen, das

Lenken daher Grenzen hat. Das Unvorhergesehene in Rechnung zu stellen ist vielleicht genau die paradoxe Tätigkeit, die das Leben am meisten von uns verlangt.

An einem berühmten Mittwinterabend im Jahre 1817 unterhielt sich der Dichter John Keats auf dem Heimweg mit mehreren Freunden:

> … manches leuchtete mir ein und plötzlich verstand ich, welche Eigenschaft es ist, die einen Mann bedeutend macht, besonders in der Literatur … ich meine die *Negative Befähigung*, das heißt, wenn jemand fähig ist, das Ungewisse, die Mysterien, die Zweifel zu ertragen, ohne alles aufgeregte Greifen nach Fakten und Verstandesgründen.

Auf die eine oder andere Art und Weise taucht dieser Gedanke immer wieder auf, wie die »Terra incognita« genannten Flecken auf alten Landkarten.

»Sich in einer Stadt nicht zurechtzufinden – das mag uninteressant und banal sein. Unkenntnis braucht es dazu – sonst nichts«, schreibt der Philosoph und Essayist Walter Benjamin. »In einer Stadt sich aber zu verirren – wie man in einem Wald sich verirrt –, das bedarf schon einer ganz anderen Schulung.« Sich verirren, verlieren: ein sinnliches Sich-Aufgeben, verloren in deinen Armen, verloren für die Welt, vollkommen eingetaucht in das, was gegenwärtig ist, sodass die Umgebung verblasst. Benjamin zufolge bedeutet sich verirrt zu haben, völlig gegenwärtig zu sein, und völlig gegenwärtig zu sein heißt, es auszuhalten im Ungewissen und Unergründlichen. Und man wird nicht in die Irre geführt, sondern man geht in die Irre, man verirrt sich, was bedeutet, dass es eine bewusste Wahl ist, ein selbst gewähltes Sich-Aufgeben, ein psychischer, mithilfe der Geografie erreichbarer Zustand.

Dasjenige, wovon man gar nicht weiß, was es ist, ist gewöhnlich genau das, was man finden muss, und es zu finden ist eine Frage des In-die-Irre-Gehens. »Lost«, das englische Wort für »verirrt«, für »verloren«, kommt vom altnordischen »los«, was so viel bedeutet wie die »Auflösung eines Heeres«; so verbindet sich die ursprüngliche Wortbedeutung mit der Vorstellung von Soldaten, die sich aus ihrer Formation lösen, um heimzukehren – ein Waffenstillstand mit der weiten Welt. Ich befürchte, heutzutage lösen viele nie ihre Heere auf, gehen nie über das hinaus, was sie wissen. Alles wirkt darauf hin: die Werbung, alarmierende Nachrichten, Technologien, die ständige Geschäftigkeit sowie die Gestaltung des öffentlichen und privaten Raumes. Ein kürzlich veröffentlichter Artikel über die Rückkehr wilder Tiere in die Vorstädte beschreibt schneebedeckte Gärten, die zwar voller Tierspuren sind, wo sich jedoch keine Fußabdrücke von Kindern finden. Was die Tiere anlangt, so sind die Vororte eine verlassene Landschaft, in der sie voller Selbstvertrauen umherstreifen. Kinder dagegen streifen nur selten umher, selbst in den sichersten Gegenden. Da ihre Eltern Angst haben vor den ungeheuerlichen Dingen, die passieren könnten (und auch tatsächlich passieren, aber nur selten), werden sie der wunderbaren Dinge beraubt, die ganz selbstverständlich geschehen. Mir gab das Umherstreifen in der Kindheit Eigenständigkeit, einen Richtungssinn, ein Gespür für Abenteuer, Fantasie, den Willen, etwas zu erforschen, mich ein bisschen zu verirren und dann den Weg zurück zu finden. Ich frage mich, wozu es wohl führt, wenn man die heutige Generation unter Hausarrest stellt.

In jenem Sommer in den Rockies, als ich Menons Frage hörte, wanderte ich mit den Studenten in eine Landschaft hinein, wie ich sie noch nie gesehen hatte. Zwischen weißen Espensäulen wuchsen zierliche, kniehohe grüne Pflanzen, deren Blätter wie grüne Fächer, wie Hustenbonbons, wie Muscheln aussahen und deren Stängel sich mit ihren weißen und violetten Blüten im leichten Wind wiegten. Der Pfad führte zu einem Fluss hinunter, den die Bären gern besuchten. Als wir zurückkamen, wartete am Weganfang eine kräftige, sonnengebräunte Frau, die ich zehn Jahre zuvor kurz kennengelernt hatte. Dass sie mich erkannte und ich mich an sie erinnerte, war eine Überraschung; dass wir uns nach diesem zweiten Treffen anfreundeten, das war mein Glück. Sallie war schon lange Mitglied des Bergrettungsdienstes, und als wir sie an jenem Tag trafen, war sie auf einem Routineeinsatz – eine jener Suchaktionen nach verirrten Wanderern, die, wie sie sagte, normalerweise irgendwo in der Nähe der Stelle wieder auftauchen, an der sie auch verschwunden sind. Sie lauschte an ihrem Funkgerät und passte auf, wer den Weg heraufkam, einer der Wege, auf dem die verirrte Gruppe voraussichtlich auftauchen würde, und so fand sie mich. In jener Gegend sehen die Rockies aus wie zerknitterter Stoff, eine steile Landschaft aus Bergkämmen und Tälern, die in die verschiedensten Richtungen verlaufen, wo es leicht ist, sich zu verirren, und nicht allzu schwer, wieder herauszufinden, immer zu den Straßen hinab, die durch viele Talsohlen führen. Für die freiwilligen Mitarbeiter des Bergrettungsdienstes jedoch ist jede Rettungsaktion ein Ausflug ins Unbekannte. Sie können einen dankbaren Menschen finden oder eine Leiche, sie können die Gesuchten schnell oder erst nach wochenlangem intensiven Einsatz finden, oder aber sie finden die Vermissten oder lösen deren Geheimnis nie.

Drei Jahre später fuhr ich zurück, um Sallie und ihre Berge zu besuchen und sie zu fragen, wie es mit dem Sich-Verirren sei. Im Laufe meines Besuches wanderten wir einmal entlang der Kontinentalscheide, auf einem Weg, der aus einer Höhe von 3600 Metern anstieg und über Grate führte und durch die alpine Tundra, die sich oberhalb der Baumgrenze wie ein Teppich ausbreitet. Während wir immer weiter emporstiegen, eröffnete sich uns ein Blick in alle

Richtungen, bis unser Weg die Mittelnaht einer Welt zu sein schien, die am gesamten Horizont von gezackten blauen Bergketten gesäumt war. Der Begriff »Kontinentalscheide« ließ das Bild von Wasser entstehen, das zu beiden Ozeanen hinabfließt, von einem Rückgrat der Berge, das sich fast über den gesamten Kontinent erstreckt, es rief die Vorstellung von den vier strahlenförmig von dort ausgehenden Himmelsrichtungen hervor und vermittelte, wenn nicht im praktischsten, so doch im metaphysischsten Sinne, ein Gefühl davon, wo man gerade war. Ich wäre ewig weiter in diese Gipfelwelt hineingelaufen, doch ein Donnern in den zusammengeballten Wolken und ein langer Blitzstrahl ließen Sallie umkehren. Auf dem Weg hinunter fragte ich sie, welche Rettungsaktionen sie besonders deutlich in Erinnerung habe. Bei einem ihrer Einsätze hatten sie versucht, einen Mann zu retten, der, wie sich herausstellte, von einem Blitz erschlagen worden war, was dort oben keine ungewöhnliche Todesart ist, weshalb wir jetzt auch von diesem herrlichen Bergkamm hinabstiegen.

Beim Abstieg erzählte sie mir von einem verirrten elfjährigen Jungen, der nicht nur taub war, sondern, da er an einer degenerativen Krankheit litt, die letztendlich sein Leben verkürzen sollte, auch langsam das Augenlicht verlor. Er war in einem Ferienlager gewesen, und die Betreuer hatten mit den Kindern einen Ausflug gemacht und dann Verstecken mit ihnen gespielt. Er musste sich zu gut versteckt haben, denn als der Tag vorüber war, konnte ihn niemand finden, und er selbst fand auch nicht zurück. Der Rettungsdienst wurde gerufen, als es bereits dunkel war, und Sallie brach mit einem unguten Gefühl in das sumpfige Gebiet auf und mit der Erwartung, dass sie in der fast frostigen Nacht nur noch eine Leiche finden würden. Sie durchkämmten die ganze Gegend, und gerade, als die Sonne über den Horizont kam, hörte Sallie schließlich ein Pfeifen und rannte los. Es war der Junge, der vor Kälte zitternd in eine Pfeife blies; sie nahm ihn in die Arme, und dann streifte sie die meisten ihrer Sachen ab und zog sie ihm über. Er hatte alles richtig gemacht – seine Pfeife war nicht laut genug gewesen, dass die Betreuer sie bei dem Rauschen des Flusses hätten hören können, aber er hatte bis zum Einbruch der Dunkelheit gepfiffen, sich dann zwischen zwei umgestürzten Bäumen zusammengerollt und, sobald es hell wurde, wieder zu pfeifen begonnen. Er strahlte, weil er gefunden worden war, und sie war in Tränen aufgelöst, weil sie ihn gefunden hatte.

Rettungsmannschaften haben das Finden zu einer Kunst und das In-die-Irre-Gehen zu einer Wissenschaft gemacht, obwohl die Hälfte aller Einsätze, wenn nicht sogar mehr, zum Ziel hat, Verletzte zu bergen oder Gestrandete zu retten. Heutzutage ist die einfachste Antwort auf die Frage, warum Menschen sich im buchstäblichen Sinne verirren, die Tatsache, dass viele einfach nicht aufpassen, nicht wissen, was sie tun sollen, wenn sie merken, dass sie nicht zurückfinden, oder nicht zugeben, dass sie es nicht wissen. Es ist eine Kunst, auf das Wetter zu achten, auf den Weg, auf die Orientierungspunkte entlang des Weges, darauf, dass der Rückweg, wenn man sich umdreht, vollkommen anders aussieht als der Hinweg, es ist eine Kunst, die Sonne, den Mond und die Sterne zu lesen und sich an ihnen zu orientieren, auf die Richtung, in die das Wasser fließt, achtzugeben, auf die tausend Dinge, die aus der Wildnis einen Text machen, der von Lesekundigen entziffert werden kann. Die Verirrten können diese Sprache oft nicht lesen, diese Sprache der Erde, oder sie halten nicht inne, um es zu tun. Und es gibt auch noch eine andere Kunst, im Unbekannten zu Hause zu sein, sodass man, wenn man sich mittendrin befindet, nicht in Panik ausbricht oder Schaden leidet: die Kunst, in der Irre zu Hause zu sein. Diese Fähigkeit ist vielleicht gar nicht so weit entfernt von Keats' Fähigkeit, »das Ungewisse, die Mysterien, die Zweifel zu ertragen«. (Heute wird diese Fähigkeit durch Mobiltelefone und das Globale Positionierungssystem GPS ersetzt, mit deren Hilfe immer mehr Menschen ihre eigene Rettung wie Pizza bestellen, auch wenn es noch immer viele Gegenden ohne Funksignale gibt.)

Jäger verirrten sich in diesem Teil der Rockies oft, erzählte mir Sallies Freundin Landon, während sie an ihrem Schreibtisch saß, umgeben von Bildern von ihrer Familie und von den Tieren der Ranch, die sie mit ihrem Mann betrieb, denn bei der Jagd auf Wild kämen sie ständig vom Weg ab. Sie erzählte mir von einem Rotwildjäger, der sich auf einem Plateau, wo die einander gegenüberliegenden Gipfel identisch aussehen, umblickte. Dort, wo er stand, wurde eine dieser Gipfelgruppen von Bäumen verdeckt, weshalb er dann später genau in die falsche Richtung weiterging. Überzeugt davon, dass er hinter dem nächsten oder übernächsten Bergkamm am Ziel wäre, ging er den ganzen Tag und die ganze Nacht weiter, erschöpfte allmählich seine Kräfte, kühlte zunehmend aus und begann dann irgendwann, aufgrund von Wahnvorstellungen, die mit einer starken Unterkühlung einhergehen, sich heiß zu fühlen und seine Kleider abzuwerfen, was dazu führte, dass er eine Spur von Kleidungsstücken hinterließ, der man auf den letzten Kilometern folgen konnte. Kinder, meinte Landon, könnten sich gut verirren, denn »das Überleben hängt entscheidend davon ab, ob man weiß, dass man sich verirrt hat«: Sie irren nicht weit umher, rollen sich nachts an einem geschützten Ort zusammen, wissen, dass sie Hilfe brauchen. Landon erzählte von den alten Fertigkeiten und Instinkten, die man in der Wildnis braucht, und von der geradezu unheimlichen Intuition ihres Mannes, die sie genauso zu jenen Fähigkeiten zählt wie all die konkreten Techniken des Sich-Zurechtfindens, des Spurenlesens und des Überlebens, die sie gelernt hatte. Einmal hatte er ein Schneemobil bis direkt vor die Füße eines Arztes gefahren, der sich verirrt hatte, als ein

Spaziergang bei mildem Winterwetter in einem dichten Schneesturm endete; von einem unerklärlichen Instinkt geleitet, hatte er gewusst, wo der frierende Mann war: abseits des Weges und am anderen Ende einer verschneiten Wiese. Ein Rancharbeiter hatte erzählt, wie eigenartig eine andere Rettungsaktion gewesen sei, weil sie, statt zu rufen, stumm in die Schneenacht hinausgegangen waren. Der Rancher hatte nicht gerufen, weil er wusste, in welche Richtung er gehen musste, und blieb dann am Rand des Felsvorsprungs stehen, unter dem der verirrte Skiläufer festsaß. Dieser hatte versucht, am Wildbach entlang zurückzufinden, was normalerweise eine gute Strategie ist, doch dieser Bach wurde immer schmaler und tiefer, bis er eine Reihe von Wasserfällen bildete und steil hinabstürzte. Und so saß der Skiläufer, zusammengekauert, den Pullover über die Knie gezogen, unter einem Felsvorsprung fest. Sein Pullover war so hart gefroren, dass man den Mann fast aus ihm herausmeißeln musste.

Mir selbst brachte ein Outdoorexperte bei, dass man auf jeder noch so kleinen Wanderung immer Regenkleidung, Wasser und andere Vorräte bei sich haben sollte, dass man darauf vorbereitet sein sollte, lange Zeit im Freien zu verbringen, da Pläne oft schiefgingen und man sich im Hinblick auf das Wetter nur auf eins verlassen könne, nämlich, dass es sich ändert. Ich besitze keine besonderen Fertigkeiten, doch scheine ich auf Straßen und Wanderwegen und Highways und manchmal auch beim Querfeldeinwandern mit dem In-die-Irre-Gehen immer nur zu kokettieren und lediglich den Rand des Unbekannten, der die Sinne schärft, zu streifen. Ich mag es, vom Weg abzuweichen, das mir bekannte Terrain zu verlassen, ein paar Extrakilometer zu gehen und auf einem anderen Weg zurückzufinden, mit einem Kompass, der der Landkarte widerspricht, mit den gegensätzlichen anekdotischen Richtungsangaben von Fremden. Nächte allein in Motels in abgelegenen Orten im Westen, wo ich niemanden kenne und wo niemand, den ich kenne, weiß, wo ich bin, Nächte mit den seltsamen Bildern, den geblümten Bettdecken und dem Kabelfernsehen, die mir eine Atempause von meiner eigenen Lebensgeschichte verschaffen, wo ich, um mit Benjamin zu sprechen, mich verirrt, mich verloren habe, obwohl ich weiß, wo ich bin. Augenblicke, wo ich mir, wenn meine Füße oder mein Auto einen Bergkamm überqueren oder um eine Ecke biegen, sage, dass ich diesen Ort noch nie gesehen habe. Zeiten, wo mir eine architektonische Einzelheit oder Perspektive, die mir während all dieser Jahre entgangen war, sagt, dass ich nie wirklich wusste, wo ich war, selbst bei mir zu Hause nicht. Geschichten, die das Bekannte wieder verfremden, wie die Geschichten, die die verschwundenen Landschaften, die verschwundenen Friedhöfe, die verschwundenen Tier- und Pflanzenarten aus der Umgebung meiner Wohnung wieder zum Vorschein brachten. Unterhaltungen, die alles um sie herum verschwinden lassen. Träume, die ich vergesse, bis mir klar wird, dass sie alles gefärbt haben, was ich an jenem Tag gefühlt und getan habe. Sich dergestalt zu verlieren scheint mir der Beginn eines Prozesses zu sein, bei dem man seinen eigenen oder einen anderen Weg findet, wenngleich man sich auch noch auf andere Weise verirren kann.

Im 19. Jahrhundert scheinen Amerikaner selten auf so katastrophale Weise in die Irre gegangen zu sein wie die Menschen, die heute von Rettungsmannschaften verirrt oder tot geborgen werden. Ich machte mich auf die Suche nach ihren Geschichten darüber, wie sie sich verirrt hatten, und stellte fest, dass es für diejenigen, die keinen vollgepackten Zeitplan hatten, die sich aus der Natur ernähren konnten, die Fährten lesen konnten, die sich in noch unkartografierten Gegenden an Himmelskörpern, Wasserwegen und mündlichen Wegbeschreibungen orientieren konnten, keine Katastrophe war, einen Tag oder auch eine Woche vom Weg abzukommen. »Ich habe mich in meinem ganzen Leben nie in den Wäldern verirrt«, sagte Daniel Boone, »obwohl ich einmal drei Tage lang verwirrt war.« Für Boone ist das eine legitime Unterscheidung, da er es letztendlich schaffte, wieder dorthin zurückzufinden, wo er sich auskannte, und wusste, was er in der Zwischenzeit tun musste. Die gefeierte Rolle, die Sacajawea bei der Lewis-und-Clark-Expedition spielte, war in erster Linie nicht die einer Kundschafterin; sie machte ihnen, wenn sie sich verirrt hatten, das Leben durch ihre Kenntnis nützlicher Pflanzen leichter, durch ihre Sprachkenntnisse, dadurch, dass sie und ihr Baby den Indianerstämmen, denen sie begegneten, klarmachten, dass es sich nicht um einen Kriegstrupp handelte, und vielleicht auch durch ihr Gespür dafür, dass die ganze Landschaft ein Zuhause war, zumindest für irgendjemanden. Genau wie sie fühlten sich viele weiße Scouts, Trapper und Forschungsreisende im Unbekannten zu Hause, denn obwohl ihnen eine bestimmte Gegend nicht vertraut gewesen sein konnte, war die Wildnis als solche in vielen Fällen ihre Wahlheimat. »Forschungsreisende«, schrieb mir der Historiker Aaron Sachs als Antwort auf eine Frage,

> verirrten sich ständig, da sie in diesen Gegenden noch nie gewesen waren. Sie haben nie erwartet, genau zu wissen, wo sie gerade waren. Gleichzeitig kannten sich viele jedoch ziemlich gut mit ihren Messgeräten aus, und auch ihre Route kannten sie einigermaßen genau. Meiner Meinung nach war ihre wichtigste Eigenschaft einfach ein Gefühl von Optimismus, dass sie überleben und sich zurechtfinden würden.

Verirrt zu sein, halfen mir meine Gesprächspartner zu verstehen, war hauptsächlich ein Geisteszustand, und das trifft auf all die metaphysischen und metaphorischen Verirrungen genauso zu wie auf das Herumstolpern in irgendwelchen entlegenen Gegenden.

Die Frage ist also, wie man sich verirren soll. Sich nie zu verirren heißt, nicht zu leben, nicht zu wissen, wie das In-die-Irre-Gehen einen in den Untergang führt, und irgendwo in der Terra incognita dazwischen liegt ein Leben voller Entdeckungen. Zusammen mit seinen eigenen Worten schickte Sachs mir ein paar Zeilen von Thoreau, für den es ein und dieselbe Kunst ist, sich im Leben, in der Wildnis und in der Welt der Bedeutungen zu orientieren, und der innerhalb eines einzigen Satzes auf subtile Weise von einem zum anderen überwechselt. »Es ist eine ebenso überraschende und merkwürdige wie wertvolle Erfahrung, sich im Walde zu irgendeiner Zeit zu verirren«, schrieb er in *Walden*.

> Erst bis wir uns ganz verirrt oder umgedreht haben – denn der Mensch braucht nur einmal in dieser Welt mit geschlossenen Augen herumgedreht zu werden, um verirrt zu sein –, lernen wir die Weite und Fremdartigkeit der Natur schätzen. Nicht eher, als bis wir verloren sind – mit anderen Worten: bis wir die Welt verloren haben –, fangen wir an, uns selbst zu finden und gewahr zu werden, wo wir sind und wie endlos ausgedehnt unsere Verbindungen sind.

Thoreau spielt hier mit der biblischen Frage, was es dem Menschen hülfe, so er die ganze Welt gewönne und nähme doch Schaden an seiner Seele. Verliere die ganze Welt, erklärt er, verliere dich in ihr und finde deine Seele.

»Auf welche Weise willst du dasjenige suchen, wovon du ganz und gar nicht weißt, was es ist?« Jahrelang trug ich Menons Frage mit mir herum, und dann, als so ziemlich alles schiefging, brachten mir

Freunde und Freundinnen lauter Geschichten, eine nach der anderen, die, wenn schon keine Antworten, so doch zumindest Meilensteine und Wegweiser zu sein schienen. May schickte mir aus heiterem Himmel ein langes Zitat von Virginia Woolf, das sie in runden schwarzen Buchstaben auf dickes unliniertes Papier geschrieben hatte. Es handelte von einer Mutter und Ehefrau, allein, am Ende eines Tages:

> Denn jetzt brauchte sie über niemanden nachzudenken. Sie konnte sie selbst sein, allein sein. Und das war es, wonach sie jetzt oft das Bedürfnis verspürte – nachzudenken; nein, nicht einmal nachzudenken. Still zu sein; allein zu sein. All das Sein und Tun, das raumgreifende, glitzernde, vernehmliche, verdunstete; und man schrumpfte, mit einem gewissen Gefühl der Feierlichkeit, darauf zusammen, man selbst zu sein, ein keilförmiges Kerngehäuse im Dunkeln, etwas für andere Unsichtbares. Obwohl sie zu stricken fortfuhr und aufrecht saß, empfand sie sich gerade so; und dies Ich, das seine Bindungen abgeworfen hatte, war frei für die seltsamsten Abenteuer. Wenn das Leben für einen Augenblick Ruhe gab, schien die Reichweite der Erfahrung grenzenlos … Darunter ist es ganz dunkel, weitet sich alles, ist es unauslotbar tief; doch ab und zu steigen wir an die Oberfläche, und das ist es, wodurch man uns sieht. Ihr Horizont erschien ihr grenzenlos.

Diese Passage aus *Zum Leuchtturm* erinnerte mich an eine andere Arbeit von Virginia Woolf, die ich bereits kannte, nämlich ihren Essay über das Spazierengehen, in dem sie erklärte:

> Wenn wir an einem schönen frühen Abend zwischen vier und sechs aus dem Haus treten, werfen wir das Ich ab, an

> dem uns unsere Freunde erkennen, und werden Teil jener großen republikanischen Armee anonymer Wanderer, deren Gesellschaft so angenehm ist nach der Einsamkeit des eigenen Zimmers ... In jedes dieser Leben konnte man ein kleines Stück eindringen, weit genug, um sich der Illusion hinzugeben, dass man nicht an einen einzigen Geist gebunden ist, sondern kurz, für einige Minuten, Körper und Geist anderer anlegen kann.

Für Woolf war das Sich-Verlieren nicht so sehr eine Frage der Geografie als der Identität, ein leidenschaftlicher Wunsch, ja sogar eine dringende Notwendigkeit, niemand und jeder zu werden, die Ketten abzuwerfen, die einen daran erinnern, wer man ist, wer man anderen zufolge ist. Denjenigen, die in fremde Gegenden und entlegene Refugien reisen, ist diese Auflösung der Identität vertraut, doch Woolf, mit ihrer feinen Wahrnehmung der Schattierungen des Bewusstseins, konnte sie auf einem Spaziergang die Straße hinunter finden, in einem kurzen Augenblick der Einsamkeit in einem Lehnstuhl. Woolf war keine Romantikerin, feierte nicht die Art des Sich-Verlierens, die die erotische Liebe vorstellt, wo die geliebte Person als Einladung gesehen wird, das zu werden, was man insgeheim, latent bereits ist – wie eine Zikade, die unter der Erde darauf wartet, bis sie in siebzehn Jahren gerufen wird –, diese Liebe für den anderen, die auch den Wunsch darstellt, im Mysterium anderer im eigenen Mysterium zu leben. Ihre Art des Sich-Verlierens war, genau wie die von Thoreau, einsam.

Malcolm erwähnte, vollkommen unvermittelt, die im Norden Zentralkaliforniens lebenden Wintu, die zur Beschreibung ihres Körpers nicht die Wörter »links« und »rechts« heranziehen, sondern die Himmelsrichtungen. Ich war völlig hingerissen von dieser Schilderung einer Sprache und der ihr zugrunde liegenden kulturellen Vorstellungswelt, in der das Ich nur in Bezug auf den Rest der Welt existiert, es kein Du ohne Berge gibt, ohne Sonne, ohne Himmel. Wie Dorothy Lee schreibt:

> Wenn ein Wintu flussaufwärts geht, sind die Berge im Westen, der Fluss ist im Osten, und eine Mücke sticht ihn in den westlichen Arm. Wenn er zurückkehrt, sind die Berge immer noch im Westen, aber wenn er sich an dem Mückenstich kratzt, dann kratzt er sich den östlichen Arm.

In dieser Sprache ist das Selbst nie so verloren, wie viele Menschen heutzutage verloren sind, wenn sie sich in der Wildnis verirren, ohne die Himmelsrichtungen zu kennen, ohne ihre Beziehung nicht nur zu ihrer Wegroute, sondern auch zum Horizont und dem Licht und den Sternen im Auge zu behalten, doch jemand, der diese Sprache spricht, wäre verloren ohne eine Welt, mit der er in Verbindung treten kann, wäre verloren in den modernen Schattenwelten von U-Bahnen und Kaufhäusern. In der Sprache der Wintu ist die Welt stabil und man selbst ist bedingt, ist, losgelöst von seiner Umgebung, nichts.

Ich habe nie von einem ausgeprägteren Orts- und Richtungssinn gehört, doch ist dieses Richtungsbewusstsein in eine fast verlorene Sprache eingebettet. Vor zehn Jahren lebten noch sechs bis zehn Muttersprachler des Wintu, sechs bis zehn Menschen, die eine Sprache fließend sprachen, in der das Ich nicht das autonome Gebilde war, für das wir es halten, wenn wir unser »Rechts« und »Links« mit uns herumtragen. Die letzte Muttersprachlerin des nördlichen Wintu, Flora Jones, starb 2003, doch Matt Root, der Mann, der mir diese Information per Mail zukommen ließ, erwähnte auch, dass drei Wintu und ein Pit-River-Nachbar »noch Teile der alten Wintu-Umgangssprache und ihres Aussprachesystems kennen«. Er selbst habe die Sprache studiert und hoffe, sie werde wieder aufleben, sodass sein Volk beginnen könne,

> durch unsere Sprache Verbindungen zu unserer Vergangenheit herzustellen. Die Weltsicht der Wintu ist in der Tat einzigartig; unsere enge Vertrautheit mit unserer Umwelt rundet diese Einzigartigkeit ab, und die zukünftige Neuansiedlung von Menschen in unseren traditionellen Gebieten sowie die Wiedereinführung unserer Kultur und Geschichte werden dazu führen, dass die alten Narben langsam wieder verheilen können, die Narben der Umsiedlung und des offenen Genozids. Die Wegbereiter unseres heutigen Sprachverlusts.

Oder, wie es in einem 2004 veröffentlichten Artikel über die einhundert rasch aussterbenden Indianersprachen Kaliforniens heißt:

> Solch eine Sprachendifferenzierung kann durchaus mit einer ökologischen Differenzierung verknüpft sein. Nach dieser Sichtweise haben die Menschen ihre Wörter den ökologischen Nischen, die sie bewohnten, angepasst – und Kaliforniens äußerst vielfältige Ökologie förderte seine linguistische Vielfalt. Diese Theorie wird unterstützt durch Landkarten, die zeigen, dass es in Gebieten mit einem größeren Artenreichtum auch mehr Sprachen gibt.

Es wäre eine schöne Vorstellung, dass die Wintu einst in einer so perfekten Welt lebten, dass sie alle Grenzen kannten und nie die Erfahrung machten, sich verirrt zu haben oder verloren zu sein, doch das Leben ihrer nördlichen Nachbarn, der Achumawi- oder Pit-River-Indianer, legt nahe, dass das wahrscheinlich nicht der Fall war. Als ich einmal Freunde bei einer Aufführung in einem Stadtpark treffen wollte und sie in der Menschenmenge nicht finden konnte, ging ich in ein Antiquariat und entdeckte ein altes Buch. Darin schreibt Jaime de Angulo, der wilde spanische Erzähler und Anthropologe, der vor achtzig Jahren eine beträchtliche Zeit bei diesem Volk verbrachte:

> Ich möchte jetzt von einem seltsamen Phänomen berichten, das unter den Pit-River-Indianern auftritt. Die Indianer nennen es auf Englisch »wandering«. Sie sagen über einen bestimmten Menschen: »Er wandert gerade« oder »Er hat angefangen zu wandern«. Für manch einen scheint es bei bestimmten seelischen Belastungen einfach zu schwer zu sein, das Leben in der gewohnten Umgebung auszuhalten. Solch ein Mensch beginnt zu wandern. Ziellos streift er durchs Land. Hier und dort verweilt er kurz in den Lagern von Freunden oder Verwandten, doch dann zieht er weiter, bleibt nirgendwo länger als ein paar Tage. Nie drückt er seinen Schmerz, seinen Kummer oder seine Sorge äußerlich aus ... Der Wanderer, ob Mann oder Frau, meidet Lager und Dörfer, bleibt lieber in wilden, einsamen Gegenden, auf den Gipfeln der Berge, am Grund der Canyons.

Dieser Wanderer ist gar nicht so weit entfernt von Woolf – auch sie kannte die Verzweiflung und den Wunsch nach dem, was die Buddhisten »Erlöschen« nennen, ein Wunsch, der sie schließlich, die Manteltaschen voller Steine, in einen Fluss trieb. Hier geht es nicht darum, dass man sich verirrt hat, sondern darum, dass man sich verlieren will.

De Angulo schreibt weiter, dass das Wandern zum Tod, zur Hoffnungslosigkeit, zum Wahnsinn, zu verschiedenen Formen der Verzweiflung führen kann, aber auch zu Begegnungen mit anderen Mächten in den entlegeneren Gegenden, in die ein Wanderer ziehen kann. Er endet mit den Worten:

> Wenn man selbst schon ziemlich wild geworden ist, dann kommen vielleicht einige der wilden Wesen und schauen sich einen an, und eins von ihnen wendet einem vielleicht seine Aufmerksamkeit zu, nicht, weil man leidet und friert, sondern einfach, weil es zufällig mag, wie man aussieht. Wenn dies geschieht, ist das Wandern vorbei, und der Indianer wird Schamane.

Man verliert sich, weil man den Wunsch hat, sich zu verlieren. Doch dort, wo man sich verliert, findet man seltsame Dinge, merkt de Angulos Herausgeber an: »Die Alten sagen, alle Weißen sind Wanderer.«

Während jener langen Zeit, als die Geschichten nur so auf mich einprasselten, gab ich eine Lesung in einer Bar in einer Straße, die früher einmal am Wasser entlang verlief, bevor das Ufer aufgefüllt wurde, um an der Nordküste der Halbinsel, auf der San Francisco liegt, noch ein paar Häuserblöcke herauszuquetschen. Ich las ein kurzes Stück, das mit einem Wolkenbruch endete, und ein zweites über die See, und dann ging ich mir einen Drink holen. Carol, die Frau des Mannes, der mich zu der Lesung eingeladen hatte, winkte mich zu dem Barhocker neben sich herüber und erzählte mir schließlich von dem Tätowierkünstler, der über viele Jahre ihr Nachbar gewesen war. Er war jahrzehntelang ein Junkie gewesen, und irgendwann hatte sich dann an seiner Hand, dort, wo er sich einen Schuss gesetzt hatte, Schorf entzündet. Er landete mit einer fast tödlichen systemischen Infektion im Krankenhaus, und es musste ihm der Arm, der rechte Arm, der Arm, mit dem er arbeitete, amputiert werden. Doch am Ende jener langen Zeit, als er bis an den Rand des Todes gegangen und wieder zurückgekehrt war, meinte der Arzt zu seiner Verwunderung, er sei von seiner Abhängigkeit geheilt. Er wurde zwar ohne sein Handwerk, aber »clean« aus dem Krankenhaus entlassen und musste bei null anfangen, ein ebenso abruptes und überwältigendes In-die-Welt-geworfen-Werden wie die Geburt. Auf den Arm war ein Drache tätowiert gewesen, der jetzt bis auf den Kopf völlig verschwunden war.

Meine Freundin Suzie erzählte mir, während ich sie von jener Bar nach Hause fuhr, von der wahren Bedeutung der Figur der Justitia, die mit verbundenen Augen eine Waage in der Hand hält. Suzie malte ihre eigenen Tarotkarten und durchdachte dabei jede Karte neu. Justitia stand, laut einem Buch über die antike Mythologie, vor den Toren des Hades und entschied, wer hineindurfte; in den Hades einzugehen bedeutete, auserwählt zu sein für eine Verfeinerung durch Leiden, Abenteuer und Verwandlung, ein Weg der Bestrafung, dessen Belohnung das verwandelte Selbst ist. Das warf ein anderes Licht auf den Gang in die Hölle. Und es legte nahe, dass die Gerechtigkeit viel komplizierter und unberechenbarer ist, als wir es uns oft vorstellen, dass das Ende weiter weg als erwartet und viel schwerer abzuschätzen ist, wenn am Ende alles ausgeglichen sein soll. Außerdem legt es nahe, dass ein behagliches Leben zu führen bedeuten kann, auf der Strecke geblieben zu sein. Geh in die Hölle, doch wenn du dort bist, geh weiter und komm am anderen Ende wieder heraus! Schließlich malte Suzie eine Gruppe am Lagerfeuer, ihr Bild der Gerechtigkeit, und meinte, für sie sei Gerechtigkeit, wenn man sich auf dem Weg gegenseitig hilft. An einem anderen Abend erzählte mir ihr Partner David von einem seiner Bekannten, einem Biologen auf Hawaii, der neue Arten entdeckt, indem er sich absichtlich im Regenwald verirrt. Das dichte Blattwerk und der bedeckte Himmel machen einem diese Aufgabe dort leichter als auf dem Hochplateau der Wintu.

David fotografierte schon seit Jahren im Regenwald von Hawaii und anderswo gefährdete Arten, und seine Bildersammlung und Suzies Tarotkarten schienen irgendwie zusammenzupassen. Da viele Arten verschwinden, wenn ihr Lebensraum verschwindet, fotografierte er sie vor dem Nichts eines schwarzen Hintergrunds (was manchmal bedeutete, dass er an den unmöglichsten Orten und im unerbittlichsten Klima ein schwarzes Samttuch aufhängen musste), wodurch jedes Tier, jede Pflanze, allein vor dem Dunkel, wie für eine Porträtaufnahme arrangiert schien. Und die Bilder sahen auch aus wie Karten, Karten aus dem Kartenspiel der Welt, wo jedes Tier eine Geschichte beschreibt, eine Art des Daseins in der Welt, ein Bündel von Möglichkeiten, ein Spiel, aus dem ständig Karten weggeworfen werden, eine nach der anderen. Pflanzen und Tiere sind auch eine Sprache, selbst in unserem reduzierten, domestizierten Englisch, wo Kinder wie Unkraut wachsen oder auf Rosen gebettet sind, wo der Markt aus Bullen und Bären besteht und die Politik aus Falken und Tauben. Wie Karten, so kann auch die Flora und Fauna immer wieder gelesen werden, nicht nur für sich allein, sondern im Zusammenhang, in den sich endlos verändernden Zusammenhängen einer Natur, die ihre eigenen Geschichten erzählt und die unseren färbt, eine Natur, die wir zunehmend verlieren, ohne überhaupt das Ausmaß dieses Verlusts zu erkennen.

Tatsächlich hat der Begriff des »Verlierens« zwei verschiedene Bedeutungen. Dinge zu verlieren hat damit zu tun, dass Bekanntes wegfällt; sich zu verlieren hat damit zu tun, dass Unbekanntes auftaucht. Es gibt Dinge und Menschen, die verschwinden, und dann sieht, kennt oder besitzt man sie nicht mehr – man verliert ein Armband, einen Freund, einen Schlüssel. Aber man weiß immer noch, wo man selbst ist. Alles ist vertraut, nur dass da ein Gegenstand weniger ist, ein fehlendes Element. Verliert man dagegen sich, ist die Welt größer geworden als das Wissen, das man von ihr hat. So oder so entsteht ein Verlust an Kontrolle. Man stelle sich vor, man strömt durch die Zeit und legt Handschuhe, Schirme, Schraubenschlüssel, Bücher, Freunde und Freundinnen, Wohnungen, Namen ab. So sieht die Welt aus, wenn man sich mit dem Rücken zur Fahrtrichtung in einen Zug setzt. Blickt man nach vorn, erfährt man ständig Momente der Ankunft, Momente der Erkenntnis, Momente der Entdeckung. Der Wind weht einem die Haare zurück, und man wird von Dingen begrüßt, die man noch nie gesehen hat. Das Materielle fällt angesichts der auf einen einstürmenden Eindrücke von einem ab. Es schält sich ab wie die Hüllen einer sich häutenden Schlange. Die Vergangenheit zu vergessen bedeutet natürlich, das Gefühl von Verlust zu verlieren, das auch eine Erinnerung an einen fehlenden Reichtum darstellt und eine Reihe von Anhaltspunkten liefert, mit deren Hilfe man sich in der Gegenwart orientieren kann; die Kunst besteht nicht darin, zu vergessen, sondern darin, loszulassen. Ist alles andere verschwunden, so kann man durchaus reich an Verlusten sein.

Schließlich machte ich mich auf die Suche nach Menon. Ich hatte gedacht, seine Frage sei Teil einer Sammlung von Aphorismen oder Fragmenten, wie beispielsweise den Fragmenten des Heraklit. Ich sah deutlich ein Buch vor mir, das gar nicht existiert. Sollte ich es je gewusst haben, so hatte ich wieder vergessen, dass *Menon* der Titel eines Dialogs von Platon ist. Sokrates tritt gegen den Sophisten Menon an und macht seinen Gegner, wie in allen manipulierten Boxkämpfen Platons, zunichte. Manchmal sehe ich beim Spazierengehen etwas, was aus einer gewissen Entfernung wie ein Edelstein oder eine Blume aussieht und sich ein paar Schritte später als ein Stück Abfall erweist. Doch bevor es deutlich zu erkennen ist, sieht es wunderschön aus. Genauso ist es auch mit Menons Frage, vielleicht allerdings nur in der blumigen Übersetzung, in der ich sie zuerst, aus dem Zusammenhang gerissen, gehört hatte. Sokrates antwortet auf jene Frage:

> Ich begreife, was du sagen willst, Menon! Siehst du, daß es eine eristische Frage ist, die du vorbringst? Daß es nämlich einem Menschen nicht möglich sei, etwas zu erforschen, weder das, was er weiß, noch das, was er nicht weiß? Denn das, was er weiß, wird er wohl nicht erforschen wollen; er weiß es ja, und für so etwas braucht es kein Erforschen mehr. Aber auch das nicht, was er nicht weiß, denn da weiß er ja nicht, was er erforschen soll.

Das Entscheidende ist nicht, dass Elias eventuell eines Tages auftaucht. Das Entscheidende ist, dass die Türen jedes Jahr für die Dunkelheit offen gelassen werden. Die jüdische Tradition besagt, dass manche Fragen wichtiger sind als die Antworten, und das ist auch hier der Fall. Die Frage, so wie sie die Wasserfotografin gestellt hatte, war wie eine Glocke, deren Nachklänge noch lange in der Luft hängen und immer leiser werden, aber nie einfach aufzuhören scheinen. Sokrates oder Platon scheinen fest entschlossen, alles zu tun, damit sie aufhören. Hier stellt sich die Frage, die sich bei vielen Kunstwerken stellt: Hat das Kunstwerk die Bedeutung, die der Künstler oder die Künstlerin ihm geben wollte, mit anderen Worten, hat Menons Argument die Bedeutung, die er oder Platon ihm geben wollten? Oder geht sie darüber hinaus? Denn letzten Endes ist es keine Frage danach, ob man das Unbekannte kennen, ob man in ihm ankommen kann, sondern vielmehr die Frage danach, wie man es suchen, wie man den Weg dorthin zurücklegen soll.

Während des Großteils dieses Dialogs widerlegt Sokrates Menon und greift ihn mithilfe von Logik, Argumenten und sogar Mathematik an. Bei dieser Frage weicht er jedoch auf den Mystizismus aus, das heißt auf durch nichts zu untermauernde, poetische Behauptungen. Nach seiner ersten abweisenden Antwort fügt er hinzu:

> Was sie aber sagen, ist Folgendes: – überlege dir, ob dir richtig scheint, was sie sagen – sie behaupten, die Seele des Menschen sei unsterblich; sie beendige zwar ihr Dasein, was man »sterben« nenne, erstehe aber immer wieder; zugrunde gehe sie nie. Deswegen müsse man sein Leben so fromm als möglich verbringen, *denn von welchen Persephone die Sühne alten Leides / empfangen, deren Seelen gibt sie zur Sonne hinauf / im neunten Jahre zurück; / aus ihnen erstehen erhabene Kön'ge und Männer, / behende in Kraft und gewaltig an Weisheit; / in kommender Zeit aber nennen die Menschen sie heil'ge Heroen*. Da die Seele also unsterblich ist und immer wieder ersteht, und da sie alles gesehen hat, was hier und was im Hades ist, so ist auch nichts, so gibt es auch nichts, was sie nicht kennt; es ist deshalb nicht verwunderlich, daß sie sich ... an das erinnern kann, was sie schon gewußt hat.

Sokrates sagt, man könne das Unbekannte kennen, weil man sich daran erinnert. Man kenne bereits das, was unbekannt zu sein scheint; man sei bereits hier gewesen, allerdings nur als jemand anderes. Das verlagert das Unbekannte lediglich vom unbekannten Anderen zum unbekannten Ich. Menon sagt: »Ein Geheimnis.« Sokrates sagt: »Im Gegenteil, ein Geheimnis.« So viel steht fest. Es kann eine Art Kompass sein.

Was folgt, sind einige meiner eigenen Landkarten.

Das Blau der Ferne

Die Welt ist an den Rändern und in den Tiefen blau. Dieses Blau ist das Licht, das verloren gegangen ist. Das Licht am blauen Ende des Spektrums pflanzt sich nicht über die ganze Distanz von der Sonne bis zu uns fort. Zwischen den Luftmolekülen verteilt es sich, im Wasser wird es gestreut. Wasser ist farblos: Flaches Wasser scheint die Farbe dessen zu haben, was sich darunter befindet, doch tiefes Wasser ist voll von diesem gestreuten Licht – je sauberer das Wasser, desto tiefer das Blau. Aus genau dem gleichen Grund ist der Himmel blau, doch das Blau am Horizont, das Blau der Erde, das sich im Himmel aufzulösen scheint, ist ein tieferes, träumerischeres, melancholischeres Blau, das Blau in den entlegensten Gegenden, dort, wo man kilometerweit sehen kann, das Blau der Ferne. Dieses Licht, das uns nicht berührt, das sich nicht über die ganze Distanz fortpflanzt, das Licht, das verloren geht, schenkt uns die Schönheit der Welt, die zu einem großen Teil die Farbe Blau hat.

Seit vielen Jahren schon bewegt mich das Blau am äußersten Rand des Sichtbaren, diese Farbe der Horizonte, der fernen Bergketten, all dessen, was weit weg ist. Die Farbe jener Ferne ist die Farbe einer Emotion, die Farbe der Einsamkeit und des Begehrens, die Farbe von dort, gesehen von hier, die Farbe von dort, wo man nicht ist. Und die Farbe von dort, wo man nie hingehen kann. Denn das Blau befindet sich nicht an jenem kilometerweit entfernten Ort am Horizont, sondern in der atmosphärischen Entfernung zwischen einem selbst und den Bergen. »Verlangen«, sagt der Dichter Robert Hass, »weil sich Begierde aus unendlichen Distanzen addiert.« Blau ist die Farbe des Verlangens nach den fernen Orten, an denen man nie ankommt, nach der blauen Welt. Als ich an einem milden, feuchten Frühlingsmorgen einer Straße folgte, die sich über den gleich nördlich der Golden Gate Bridge gelegenen 750 Meter hohen Mount Tamalpais schlängelt, bot sich mir hinter einer Kurve plötzlich ein Bild von San Francisco in den verschiedensten Blauschattierungen, eine Stadt in einem Traum, und ich war von der enormen Sehnsucht erfüllt, in dieser Stadt der blauen Hügel und blauen Häuser zu leben, obwohl ich doch dort wohne. Ich war nach dem Frühstück losgefahren – weder der braune Kaffee noch die gelben Eier oder die grünen Ampellichter hatten mich mit einem derartigen Verlangen erfüllt, und außerdem freute ich mich bereits darauf, an der Westseite des Berges wandern zu gehen.

Wir betrachten unser Begehren nach etwas als ein Problem, das es zu lösen gilt, analysieren, worauf das Begehren gerichtet ist, und konzentrieren uns dann auf diesen Gegenstand und darauf, wie wir ihn uns beschaffen können, statt auf die Natur und das Gefühl des Begehrens, obwohl es oft die Distanz zwischen uns und dem Objekt unseres Begehrens ist, die den Zwischenraum mit dem Blau der Sehnsucht füllt. Manchmal frage ich mich, ob man es mithilfe eines kleinen Perspektivenwechsels nicht als ein eigenständiges Gefühl schätzen lernen könnte, da das Begehren genauso zum menschlichen Dasein gehört wie das Blau zur Distanz. Ob man in diese Ferne hineinblicken kann, ohne sie gleich aufheben zu wollen, ob man seine Sehnsucht genauso annehmen kann wie die Schönheit jenes Blaus, das man nie besitzen kann. Denn ein Teil dieser Sehnsucht wird, so wie das Blau der Ferne, durch Beschaffungen oder Ankünfte nur verlagert, nicht gestillt, so wie die Berge aufhören, blau zu sein, sobald man in ihnen ankommt, und das Blau stattdessen die nächste Ferne färbt. Irgendwo hier liegt der geheimnisvolle Grund dafür, dass Tragödien schöner sind als Komödien und dass uns die Traurigkeit bestimmter Lieder und Geschichten einen so großen Genuss bereitet. Irgendetwas ist immer weit weg.

Die Mystikerin Simone Weil schrieb an einen Freund auf einem anderen Kontinent: »Lieben wir diese ganz aus Freundschaft zusammengesponnene Ferne, die, die sich nicht lieben, werden nicht getrennt.« Für Weil ist die Liebe die Atmosphäre, die die Distanz zwischen ihr und ihrem Freund füllt und färbt. Selbst wenn dieser Freund dann auf der Türschwelle steht, bleibt etwas an ihm unsagbar fern: Tritt man vor, um ihn zu umarmen, so schlingen sich die Arme um ein Mysterium, um das Unbekannte, das Nicht-Kennbare, um das, was sich nicht besitzen lässt. Die Ferne sickert selbst in das Allernächste. Schließlich kennen wir ja kaum unsere eigenen Tiefen.

Im 15. Jahrhundert begannen europäische Maler, das Blau der Ferne zu malen. Frühere Künstler hatten sich in ihren Werken für das, was weit entfernt war, nicht übermäßig interessiert. Manchmal waren die Heiligen und Patrone auf Goldgrund gemalt, manchmal wölbte sich der Raum, als sei die Erde tatsächlich eine Kugel, der Mensch allerdings in ihrem Inneren. Jetzt legten Maler mehr Wert auf Naturtreue, auf eine Darstellung der Welt so, wie sie sich dem menschlichen Auge präsentierte, und so packten sie zu jener Zeit, als die Kunst der Perspektive gerade erst entdeckt wurde, die Gelegenheit beim Schopf, das Blau der Ferne als ein zusätzliches Mittel einzusetzen, um ihren Werken Tiefe und Dimension zu verleihen. Oft scheint der blaue Streifen am Horizont übertrieben: Er erstreckt sich zu weit nach vorn, wechselt zu abrupt die Farbe, ist zu blau, als frohlockten sie so sehr über dieses Phänomen, dass sie zu viel des Guten taten. Unterhalb des Himmels, über dem vermeintlichen Sujet des Gemäldes, in den Bildräumen vor dem Horizont, malten sie eine kleine blaue Welt: blaue Schafe, einen blauen Schäfer, blaue Häuser, blaue Berge, eine blaue Straße und einen blauen Wagen.

Man sieht sie immer wieder, die blaue Weite, die in Solarios Gemälde von 1503 auf der gleichen Höhe wie der gekreuzigte Christus beginnt; die in einem Gemälde aus Raphaels Werkstatt über die Ruinen hinausgeht, vor denen eine wunderschöne Jungfrau Maria ihren auf einem Tuch von hellerem Blau schlafenden Sohn bewundert; in Niccolò dell'Abbates Gemälde von 1571, auf dem eine blaue Stadt und blauer Himmel zu sehen sind, hinter einer klassischen Gruppierung von, wie es aussieht, Grazien, die, inkongruent wirkend und wie nebenbei, Moses aus dem Schilf eines prächtigen Flusses ziehen, dessen Farbe aus dem Hintergrund zu kommen scheint, wie ein Färbemittel, das sich immer weiter ausbreitet. Man findet sie sowohl in der italienischen als auch in der nordischen Malerei. In Hans Memlings Auferstehungs-Triptychon von circa 1490 fahren die Zehen und der Gewandsaum einer schwebenden Figur aus dem Bildrahmen hinaus, gewagt beschnitten wie eine Figur auf einer Fotografie, obwohl es ja von Wundern keine Fotografien gibt. Darunter blickt eine Gruppe braunhaariger Männer, die Hände im Gebet und voller Verwunderung erhoben, aufwärts. Direkt über ihren Köpfen sieht man das nahe Ufer eines Sees. Der See ist blau, und dahinter liegen blaue Berge, als gäbe es drei Reiche: den Himmel, in dessen Sonnenuntergangsfarben die schwebende Figur hineinreicht, die vielfarbige Erde unten und das ferne blaue Reich, das weder zum einen noch zum anderen gehört, das nicht Teil dieser christlichen Dualität ist. In Joachim Patinirs berühmtem, rund dreißig Jahre zuvor gemaltem Bild vom Hl. Hieronymus in der Wüste ist diese Wirkung sogar noch ausgeprägter. Hieronymus kauert, unter einem zerfetztem Pultdach, in einer Art Unterstand vor einer tiefgrauen Felsformation, und die Welt dahinter ist zum Großteil blau – ein blauer Fluss, blaue Felsen, blaue Berge –, als sei er nicht vor der Zivilisation ins Exil geflohen, sondern vor jener besonderen Himmelstönung. Allerdings ist

Hieronymus, genau wie eine der Figuren in Memlings Gemälde, in ein mattes Blau gekleidet, so wie viele Marien wirken, als wären sie in die Ferne gekleidet, als hätte sich ein Teil dieser mehrdeutigen Ferne nach vorne verschoben.

In seinem *Bildnis der Ginevra de' Benci* von 1474 malte Leonardo da Vinci im Hintergrund lediglich einen schmalen Streifen blauer Bäume und blauen Horizonts, hinter den bräunlichen Bäumen, die die strenge, blasse Frau einrahmen, deren Oberteil mit Bändern desselben Blautons zusammengeschnürt ist, doch er hatte ja eine Vorliebe für stimmungsvolle Wirkungen. Er schrieb, wolle man Gebäude so malen, dass

> eines weiter entfernt ist als das andere, dann mußt du das mit einer etwas dichteren Luft darstellen … Also wirst du das erste Gebäude … in seiner natürlichen Farbe malen, das weiter entferntere weniger scharf umrissen und blauer, und dasjenige, das noch einmal so weit entfernt sein soll, male noch einmal so blau; dasjenige, das fünfmal so weit entfernt sein soll, male fünfmal so blau …

Die Maler schienen ganz hingerissen von dem Blau der Ferne; sieht man sich diese Gemälde an, kann man sich eine Welt vorstellen, in der man durch eine weite Fläche mit grünem Gras, braunen Baumstämmen und weiß getünchten Häusern gehen könnte, und irgendwann käme man dann im blauen Land an: Gras, Bäume und Häuser würden blau, und blickte man an sich herunter, wäre man eventuell auch blau, so wie der hinduistische Gott Krishna.

In den Cyanotypien, den blauen Fotografien, des 19. Jahrhunderts, wurde diese Welt dann Wirklichkeit – »cyan« bedeutet »blau«, obwohl ich immer gedacht hatte, dieser Begriff beziehe sich auf das Cyanid, mit dessen Hilfe die Abzüge hergestellt wurden.

Cyanotypien waren billig und leicht herzustellen, weshalb manche Amateure ausschließlich mit der Cyanotypie arbeiteten und manche professionellen Fotografen das Medium benutzten, um Probeabzüge anzufertigen, die sie so behandelt hatten, dass die Bilder innerhalb weniger Wochen verblassen und verschwinden würden: Diese verschwindenden Bilder waren als Muster gedacht, von denen man dauerhafte Abzüge in anderen Farbtönen bestellen konnte. In den Cyanotypien betritt man eine Welt, wo Dunkel und Hell blau und weiß sind, wo Brücken und Menschen und Äpfel so blau wie Seen sind, als wäre alles, was man sieht, geprägt durch die melancholische Stimmung, die das Cyanid hier hervorruft. Auf Postkarten überlebte diese Farbe bis in die Mitte des 20. Jahrhunderts: Ich besitze einige Karten von blauen Palästen und blauen Gletschern, blauen Denkmälern und blauen Bahnhöfen.

Es gibt ein Fotoalbum mit ovalen Bildern, aufgenommen gegen Ende des 19. Jahrhunderts von einem Mann namens Henry Bosse. Es sind alles Bilder vom oberen Mississippi, und es sind alles blaue Cyanotypien. Zunächst scheinen sie ein Zauberreich darzustellen, den Fluss, wie er einmal war, doch Bosse arbeitete mit den Ingenieuren zusammen, die den Strom regulierten und begradigten, die aus einem wilden, mäandernden Ungetüm mit Inseln und Strudeln und sumpfigen Ufern ein schmaleres und schneller fließendes Gewässer machten, einen ausgebaggerten, eingedämmten Strom für einen zügigen Handelsverkehr. Sie bauten Flügeldeiche, die in den Fluss hineinragten, die Sedimente festhielten und die natürlichen Flussränder auslöschten, baggerten ihn aus und versiegelten ihn, doch Bosses Bilder sind schöner, als es reine Dokumente und Bauunterlagen sein müssen – jedes einzelne eine Kamee in Blau, blau bis hin zum Vordergrund, den blauen Rangierbahnhöfen und den sich im Bau befindlichen blauen Brücken. Doch in der Welt, in der wir tatsächlich leben, ist die Ferne, sobald wir in ihr ankommen, nicht mehr fern, nicht mehr blau. Aus der Ferne wird Nähe, allein es sind nicht dieselben Orte.

Während eines trockenen Jahres sank der Wasserspiegel im Great Salt Lake einmal so stark ab, dass ein Großteil des Sees zu Land wurde, und ich ging hinaus in Richtung Antelope Island, das über seinem Spiegelbild schwebte, ein solides, symmetrisches Objekt wie ein Edelstein, im fernen Blau vor mir schwebend. Was bis vor Kurzem noch See gewesen war, war jetzt ein kilometerweit reichendes Puzzle aus Wasserlachen und feuchtem und trockenem Sand, aus seichten Lagunen mit klarem Wasser und langen Sandfingern, die auf die Insel und ihr Spiegelbild in dem in der Ferne gelegenen tieferen blauen Wasser zuliefen. Manchmal endeten die Sandbänke im Wasser und ich musste mir einen anderen Weg suchen, doch konnte ich stundenlang und kilometerweit mehr oder weniger direkt auf die Insel zugehen. Der Boden, über den ich ging, war zuweilen gerippter Sand, zuweilen glatt, manchmal brach er unter mir ein, als lägen Luftlöcher darunter, manchmal quatschte er unter meinen Füßen, sodass meine Fußabdrücke dort, wo mein Gewicht das Wasser verdrängt hatte, von hellerem Sand umgeben waren. Da sich hinter mir ein langes Band von Fußstapfen entrollte, konnte ich mich nicht wirklich verlaufen, doch ich verlor die Zeit aus den Augen, verlor mich auf jene andere Art, die nichts damit zu tun hat, dass man sich verirrt, sondern damit, dass man dort eintaucht, wo alles andere wegfällt.

Hier und da lagen kleine Zweige mit braunen Eichenblättern auf dem Boden, obwohl es in Sichtweite keinerlei Bäume gab und das Ufer weit entfernt war; da und dort durchnässte, zusammengeschrumpfte Klumpen aus Federn und Knochen, die einmal Vögel gewesen waren. Wie die Blätter dort hingekommen waren, wie die Vögel gestorben waren, war nicht zu ergründen – diese Tiefen ließen sich nicht ausloten. Hinter mir sah ich, hoch oben in die Felsen und Berge jenseits des Great Salt Lake eingegraben, die Wasserlinie des Lake Bonneville, der so viel größer, so viel tiefer gewesen war, damals, vor langer Zeit, in einer feuchteren Erdepoche, als in Arizona Redwood-Bäume wuchsen und das Death Valley ebenfalls ein See war. Zehntausend Jahre oder mehr ist es her, seit es diesen See nicht mehr gibt, doch sein Ring um die ganze Landschaft herum machte mir klar, dass der Boden, über den ich lief, einmal tief unter Wasser gelegen hatte, genau wie das Strandgut und der weiche Sand mich daran erinnerten, dass ich dort vor nicht allzu langer Zeit hätte rudern oder schwimmen können. Dies war neues Land, temporäres Land, das im Winter wieder unter Wasser liegen würde, und es könnten Jahre vergehen, bis man dort wieder entlanglaufen konnte, oder auch Jahrhunderte. Je weiter ich ging, desto größer und klarer wurde Antelope Island, golden im harten Licht, blieb jedoch stets weit vor mir, wie ein Traum oder eine Hoffnung. Das übrig gebliebene Wasser war hellblau, und an jenem sengend heißen Oktobernachmittag traf es in weiter Ferne mit einem blassen Himmel zusammen, sodass der Unterschied zwischen Wasser und Luft nur schwer zu erkennen war.

Während ich gedankenverloren weiterlief, herausgelöst aus der Verankerung in der Zeit, musste ich an den Vortrag denken, den ich in Salt Lake City gehalten hatte. Bei meinem Versuch, die Tiefe der derzeitigen Veränderungen zu beschreiben, die zur Kenntnis zu nehmen wir versäumen, hatte ich eine Geschichte von einem anderen See erzählt, vom Titicacasee. Als ich zwei war, lebten wir ein Jahr lang in Lima, und einmal machten wir alle, Mutter, Vater, die Brüder und ich, einen Ausflug in die Anden und fuhren dann über den Titicacasee von Peru nach Bolivien. Der Titicacasee – wie der Lake Tahoe, der Lago di Como, der Bodensee und der Lago de Atitlán einer jener hoch gelegenen Seen, die wie blaue Augen zum blauen Himmel zurückstarren.

Vor ein paar Jahren holte meine Mutter eines Tages aus ihrer Zederntruhe die türkise Bluse, die sie mir auf jenem Ausflug nach Bolivien gekauft hatte, Indianerkleidung im Miniaturformat, die ich damals zu besonderen Anlässen getragen hatte. Als sie die kleine Bluse auseinanderfaltete und mir überreichte, kollidierte die lebendige Erinnerung daran, sie einmal getragen zu haben, auf schockierende Weise mit der Tatsache, dass sie so winzig war, dass die Ärmel nicht einmal 30 Zentimeter lang waren, dass darin nur ein klitzekleiner Grillenkäfig von einem Brustkorb, der nicht mehr der meine war, Platz hatte; der Schock rührte daher, dass ich mich zwar noch lebhaft daran erinnern konnte, wie es sich in dieser Brokatbluse angefühlt hatte, nicht aber daran, dass ich darin so winzig klein gewesen war, so vollkommen anders als die Erwachsene, die diese Erinnerung hatte. Die Kontinuität der Erinnerung konnte nicht die Kluft ermessen, die zwischen dem Körper eines kleinen Kindes und dem einer Frau besteht.

Als ich die Bluse wiederbekam, verlor ich die Erinnerung, denn beides gleichzeitig war nicht miteinander zu vereinbaren. Sie verschwand im Nu, ich konnte dabei zusehen. Ab und zu hört man von Wandgemälden und wie durch ein Wunder erhaltenen Leichen, die Hunderte oder auch Tausende von Jahren vergraben, luftdicht abgeschlossen und vor dem Licht geschützt waren. Wenn sie das erste Mal der frischen Luft und dem Licht ausgesetzt werden, beginnen sie zu verblassen, zu zerbröckeln, zu verschwinden. Manchmal sind Gewinn und Verlust enger miteinander verknüpft, als wir uns eingestehen wollen. Und manche Dinge lassen sich nicht bewegen oder besitzen. Manches Licht schafft nicht den ganzen Weg durch die Atmosphäre, sondern wird gestreut.

Ich legte die Bluse in meine eigene Kleiderkiste, und als ich wieder an sie denken musste, holte ich sie hervor und merkte, dass meine Erinnerung sie in etwas verwandelt hatte, was mir vertrauter war, nämlich in die Samtblusen, die Navajofrauen und -mädchen tragen. Die bolivianische Bluse war mit Perlen bestickt und hatte einen mit einer hellblauen Paspel besetzten Zickzackausschnitt sowie zwei blaue Schleifen, deren Bänder vor langer Zeit flachgedrückt worden waren, doch das Material war gestreifter Brokat. Es war türkis, das Blau von Swimmingpools und Halbedelsteinen, heller als der Himmel.

Als ich mit dem Schreiben begann, war ich fast mein ganzes Leben lang ein Kind gewesen, und meine Kindheitserinnerungen waren stark und lebendig, waren die Kräfte, die mich damals prägten. Die meisten sind im Laufe der Zeit schwächer geworden, und jedes Mal, wenn ich eine Erinnerung aufschreibe, gebe ich sie preis: Sie hört auf, das Schattenleben einer Erinnerung zu führen, und wird in Buchstaben fixiert, sie hört auf, mir zu gehören. Sie verliert die Unbeständigkeit und Unzuverlässigkeit all dessen, was lebt – genau wie die Bluse aufhörte etwas zu sein, in dem ich meiner Erinnerung nach einmal selbst gesteckt hatte, und stattdessen ein Kleidungsstück wurde, das, als man es mir gab, von jenem nicht wiederzuerkennenden kleinen Kind auf dem Schnappschuss getragen worden war. Eine Frau in ihren Zwanzigern ist fast ihr ganzes Leben lang ein Kind gewesen, doch im Laufe der Zeit wird der Teil, der ihre Kindheit ausgemacht hat, kleiner und kleiner, rückt ferner und ferner, wird blasser und blasser, obwohl es heißt, dass am Ende des Lebens der Anfang wieder lebendig wird, als sei man um die ganze Welt gesegelt und wieder in die Dunkelheit zurückgekehrt, aus der man gekommen war. Für ältere Menschen wird oft das Nahe und kurz Zurückliegende recht vage und nur das zeitlich und räumlich Ferne ist lebendig.

Für Kinder ist die Distanz von geringem Interesse. Gary Paul Nabhan schreibt davon, wie er mit seinen Kindern zum Grand Canyon fuhr und ihm dort klar wurde,

> wie viel Zeit Erwachsene damit verbringen, in der Landschaft nach malerischen Rundblicken und reizvollen Ausblicken zu suchen. Während die Kinder auf Händen und Knien herumkrochen und sich mit dem beschäftigten, was direkt vor ihnen war, bewegten wir Erwachsene uns mittels der Abstraktion.

Er fügt hinzu, dass sein Sohn und seine Tochter jedes Mal, wenn sie sich einem Felsvorsprung näherten, »unvermittelt meine Hand losließen, um auf der Erde Knochen, Kiefernzapfen, glitzernden Sandstein, Federn oder Wildblumen zu suchen«. In der Kindheit gibt es keine Distanz: Für ein Baby ist die Mutter im Nebenzimmer für immer verschwunden, für ein Kind dauert es bis zu seinem Geburtstag endlos lange. Was nicht da ist, ist unmöglich, unwiederbringlich, unerreichbar. Die mentale Landschaft von Kindern ähnelt der von mittelalterlichen Gemälden: ein Vordergrund voller lebendiger Dinge und dann eine Wand. Das Blau der Ferne entsteht mit der Zeit, mit der Entdeckung der Melancholie, des Verlusts, des Wesens der Sehnsucht, der Komplexität des Terrains, das wir durchmessen, und mit den Jahren des Reisens. Wenn Kummer und Schönheit zusammengehören, dann bringt die Reife vielleicht nicht das mit sich, was Nabhan »Abstraktion« nennt, sondern ein ästhetisches Bewusstsein, das die Verluste, die die Zeit bringt, teilweise wettmacht und uns Schönheit in der Ferne finden lässt.

Antelope Island kam näher und näher, wurde größer und klarer, aber schließlich kam ein Punkt, an dem es nicht mehr weiterging. Oder es wäre vielleicht doch gegangen, hätte allerdings bedeutet, in dem See schwimmen zu müssen, der selbst unter normalen Umständen sehr viel salziger als das Meer ist und in dem während jener Trockenperiode das Salz extrem konzentriert gewesen sein muss. Ich kann mir auch eine andere Variante jenes Ausflugs vorstellen, wo ich mich ausgezogen hätte und losgeschwommen wäre, mir den Rücken verbrannt und mich wie ein Korken auf und ab bewegt hätte, bis hin zur Insel, aber ich habe keine Ahnung, was ich dort nach meiner Ankunft getan hätte. Und ich bin mir nicht sicher, ob die Insel überhaupt dazu bestimmt war, dass man dort ankam, denn aus der Nähe hätte sich ihr glühendes Gold in Buschwerk und Erde aufgelöst.

Als ich so weit gegangen war, wie ich konnte, blickte ich nach unten, und die bogenförmigen Ränder von Land und Wasser verloren ihren Maßstab und sahen aus wie die Welt aus dem Flugzeug. Flüge verbinden normalerweise Städte miteinander, doch dazwischen liegen die unbetretenen Gegenden, denen man nur ungefähre Namen geben kann: irgendwo in Neufundland, irgendwo in Nebraska oder den Dakotas. Von oben am Himmel, aus einer Höhe von mehreren Kilometern betrachtet, sieht das Land aus wie eine Landkarte von sich selbst, allerdings ohne all die Bezugspunkte, ohne die Karten keinen Sinn ergeben. Die Altwasserseen und Tafelberge, die man durchs Fenster sieht, sind anonym, unergründbar, eine Landkarte ohne Wörter. Ich habe festgestellt, dass der Wunsch, das Flugzeug würde auf einem von ihnen notlanden, unter denjenigen, die arbeitshalber von Stadt zu Stadt fliegen, weitverbreitet ist. Diese namenlosen Gegenden erwecken den Wunsch, verloren zu sein, weit weg zu sein, den Wunsch nach jenem melancholischen Wunder, das das Blau der Ferne darstellt. Und als ich an jenem Tag am Great Salt Lake auf meine Füße hinabblickte, da schienen selbst meine Füße weit weg zu sein, in diesem maßstablosen Terrain, wo sich das Nahe und das Ferne ineinander verschränkten, wo Pfützen Meere waren und Sandrippen Bergketten.

Ich ging zurück, die Insel hinter mir und vor mir der ruinenhafte Salt Palace, wo mein Wagen auf mich wartete, zurück in die

Welt des alltäglichen Durcheinanders. Doch in der Nähe meines Ausgangspunkts wartete in jener Landschaft noch eine Überraschung auf mich: eine Reihe von kleinen Einbuchtungen, wo das Wasser verdunstet war und sich Salzkristalle gebildet hatten. Eine war ein Rosenteppich, eine ein Strohhaufen, eine ein Schneeflockenfeld, alle aus schlammigem Salz, doch als ich versuchte, einen kleinen Strauß der hellbraunen Rosen abzuschneiden, um ihn mit nach Hause zu nehmen, büßten sie sofort an Schönheit ein. Manche Dinge besitzen wir nur so lange, wie sie verloren bleiben, manche Dinge sind nur so lange nicht verloren, wie sie in der Ferne sind.

Gänseblümchenketten

Manche Dinge verschwinden in meiner Familie einfach. Vor langer Zeit zeigte mir die jüngere Schwester meines Vaters eine ganze Schachtel voller Familienfotos, und die leere Wand, die hinter meinen eigenen Anfängen stand, gab nach unter einem Schwall von auf Papp-Passepartouts aufgezogenen Porträtaufnahmen und fremden, namenlosen Gesichtern in allen Schattierungen, von Sepia bis hin zum Grau von Silbergelatineabzügen. Lange saßen meine Tante und ich mit der Schachtel in ihrem von Redwood-Bäumen fast durchgehend in eine düstere Stimmung getauchten Wohnzimmer und blätterten die Bilder durch, während sie mir bekannte und unbekannte Namen rezitierte. Das Foto, das den größten Eindruck auf mich machte, zeigte meine Großmutter und ihre beiden jüngeren Brüder auf Ellis Island oder ungefähr zu der Zeit, als sie durch diese große Einwandererschleuse im Hafen von New York gekommen waren. Sie standen, sich gegenseitig leicht verdeckend, gemäß den Konventionen der damaligen Porträtfotografie wie die Orgelpfeifen nebeneinander. Ihre Köpfe waren kahl geschoren, vielleicht wegen Läusen oder Kopfflechten, und sie hatten hohläugige, gespenstische Gesichter, wie so viele Einwanderer damals, diese drei Kinder in ihren identischen weißen Matrosenanzügen, die es durch ganz Europa und über den Atlantik geschafft hatten und die noch einen weiteren Kontinent allein durchqueren würden.

Als ich mich lange Zeit später nach den Fotos erkundigte, meinte meine Tante, so eine Schachtel mit Bildern gebe es nicht und ich müsse mir das Ganze eingebildet haben. Nach ein paar Jahren fragte ich sie noch einmal, und sie gab zu, dass die Schachtel existiert habe, meinte aber, sie sei verschwunden. Fotografien, die als Anker einer objektiven Vergangenheit dienen sollen, sind genauso unzuverlässig wie alles andere, was meine Familiengeschichte väterlicherseits ausmacht. Mein Vater und meine Tante leben nicht mehr, ihre Eltern sind lange vor ihnen gestorben, und es gibt niemanden, der die wenigen verstreuten Geschichten, die sie erzählt haben, wiederholen oder ihnen widersprechen könnte. Jede Geschichte kam als Überraschung daher – eine Äußerung, die ihnen nicht entlockt, die nicht infrage gestellt und nicht wiederholt werden durfte – und hatte die rätselhafte Kürze eines Orakels oder eines Lückenfüllers in Zeitungen. In gewisser Weise ähnelt diese Familiengeschichte väterlicherseits der Weltengegend, aus der sie kam, wo ganze Länder von Imperien verschlungen und wieder ausgespien wurden, wo sich die Grenzen unabhängig von Sprache und Kultur änderten, wo der Kommunismus mit seiner berühmten Gehilfin, der Fotoretusche, die Vergangenheit unterdrückte, sodass die Bilder mit der Zeit Schritt hielten und diejenigen, die aus der Welt verschwanden, auch von den Bildern dieser Welt verschwanden. Die drei Kinder mit den kahl geschorenen Köpfen waren aus Białystok ausgewandert, das lange zu Litauen gehörte, dann zu Polen, dann zu Preußen, einmal von Napoleons Truppen besetzt war, zur Zeit ihrer Auswanderung in Russland lag, während des Ersten Weltkriegs, als Schlachtfeld zwischen Deutschland und Russland, zerbombt und während des nächsten Weltkriegs erneut von den Deutschen besetzt wurde, die jetzt die Juden verschwinden ließen.

Es kann auch sein, dass Wahrheit für meine Familie keine feste Größe war, da sie ständig zwischen den verschiedenen Sprachen, in denen sie sich unterhielten, hin- und herschwankte, genauso wie die Auswanderung für Menschen, deren Diaspora bereits sehr viel früher begonnen hatte, nicht die gleiche Art von Heimatlosigkeit darstellte.

Zu Hause sprachen sie weder Russisch noch Polnisch, sondern Jiddisch, ursprünglich ein mittelalterlicher deutscher Dialekt, obwohl sie auch keine Deutschen waren, sondern Erben der Diaspora, die fast zwei Jahrtausende zuvor in Israel begonnen hatte (wenn auch nicht, wie die blauen Augen und das blonde Haar in unserer Familie bezeugen, »reine« Nachfahren). Von ihrer Sprache ist nichts in meine Generation hinübergerettet worden außer ein paar Beschimpfungen: Das Jiddische kann Charaktermängel mit der gleichen Genauigkeit beschreiben, mit der die Inuit-Sprachen Eis beschreiben und das Japanische den Regen. Für andere Zwecke bewahrte man sich eine andere Sprache, das Hebräische, und das nicht auszulöschende Bild eines damals imaginären Heimatlandes bewahrte seine Sprecher davor, mit ihrer Umgebung zu verschmelzen. Manchmal frage ich mich, was jene erstaunliche Hartnäckigkeit, jenes Festhalten an einer verlorenen Landschaft und einer alternden Sprache für einen Sinn hatte. Es ließe sich die These aufstellen, dass es besser für sie gewesen wäre, wenn sie mit der Landschaft verschmolzen wären, wie es zweifelsohne bei vielen heute Vergessenen der Fall gewesen ist, wenn sie einheimische Sprachen und Geschichten übernommen und irgendwelche Landstriche lieb gewonnen hätten, wenn sie aufgehört hätten, Verbannte zu sein, indem sie aufhörten, sich an das Land zu erinnern, aus dem sie verbannt worden waren, damit sie das Land, in dem sie lebten, vollkommen annehmen konnten. Nur wenn sie jene Vergangenheit hinter sich ließen, würden sie auch den Zustand der Verbannung hinter sich lassen können, denn das Land, aus dem sie verbannt worden waren, existierte nicht mehr, und sie waren auch nicht mehr die Menschen, die es einmal verlassen hatten. Vielleicht entsprang dieses willentliche Vergessen, die Weigerung, Geschichten zu erzählen, dem Wunsch, wir könnten in der Neuen Welt auf eine Art und Weise heimisch werden, wie sie es in der Alten nie geschafft, nie vermocht hatten.

Alle aus unserer Familie, die den Holocaust überlebten, überlebten ihn, weil sie jenes feindliche zwischenzeitliche Heimatland verlassen hatten, und nur eine einzige Frau kehrte je dorthin zurück. Sie war durch die Liebe gerettet worden, erzählte mir ihre Tochter sehr viel später in Los Angeles. Sie hatte sich in einen Russen verliebt, den zu heiraten ihr ihre Familie ausreden wollte, folgte ihrem Herzen jedoch trotzdem nach Russland und überlebte dort den Zweiten Weltkrieg, der ihren Mann, als sie mit ihrem jüngsten Kind, einem Sohn, schwanger war, das Leben kostete. Nach dem Krieg kehrte diese Witwe nach Polen zurück, um sich wieder ihrer Familie anzuschließen, doch sie waren alle ausgerottet worden. So blieb sie allein mit ihren Kindern dort, bis sie, als diese noch klein waren, an Tuberkulose starb. Die Kinder wurden in ein von antisemitischen Nonnen geleitetes Waisenhaus gesteckt und, als man ihre ethnische Herkunft feststellte, nach Israel geschickt. Der Sohn lebt, soweit ich weiß, immer noch dort, aber die Tochter ging zum Studium nach Frankreich und kam später in die Vereinigten Staaten. Sie hatte in der Wüste Negev unter Beduinen gelebt, in Kaschmir mit einem Fürsten, in Arizona mit Architekten. Auf dem Tisch in ihrem Schlafzimmer standen kleine Gläser voller Erde, wunderschöne ocker-, rot- und sogar lavendelfarbene Pulver, die sie in den Wüsten der ganzen Welt eingesammelt hatte, und es schien, als sei dies für sie, die so oft Entwurzelte, alles, was an Heimatland übrig geblieben war, diese Sammlung von verschiedener Erde, wie die Rouge- und Pudergläschen, die bei anderen Frauen auf dem Frisiertisch stehen. Seither haben wir den Kontakt verloren. Allerdings ist sie mit meinem Großvater verwandt, nicht mit meiner Großmutter.

Die Mutter meiner Großmutter verschwand ebenfalls, zumindest wurde es mir so erzählt. Wie es damals oft geschah, ging ihr Vater zuerst fort und ließ seine Frau nachkommen, als er sich in der Neuen

Welt, in Los Angeles, etabliert und das Geld für ihre Überfahrt verdient hatte. Später ließ er dann auch die Kinder, die nach der Abreise ihrer Eltern bei Verwandten gewohnt hatten, kommen. Zumindest hörte ich es einmal so, als man mir erzählte, dass meine Urgroßmutter irgendwo zwischen Osteuropa und der Westküste der Vereinigten Staaten verschwunden sei. Ich habe mir immer ausgemalt, was zwischen diesen beiden Punkten passiert sein könnte, habe mir vorgestellt, wie sie irgendwo in der Prärie aus dem Zug gestiegen ist, sich verirrt und nicht mehr zurückgefunden hat, ein unvorstellbares neues Leben begann, das so anders war als das, was von ihrer Familie und ihrer ethnischen Herkunft her für sie vorgesehen gewesen war, wie sie aus der lauten Dichte einer Erzählung von Isaac B. Singer in die ausgedehnte Stille eines Romans von Willa Cather trat. Die weiten Räume des amerikanischen Westens, die Einwanderer auch heute noch kaum kennen, haben Reisende schon immer dazu eingeladen, ihre Vergangenheit wie Gepäck zu verlieren und sich neu zu erfinden.

Heute ist mir klar, dass ich mir selbst gewünscht hatte, ich könnte aus dem Zug aussteigen, aus dem Auto, der Unterhaltung, der Pflicht, und in die Landschaft treten, die ich jener imaginären Vorfahrin schenkte. Ich wurde mit der Vorstellung von Landschaft als Zufluchtsort groß, mit der Möglichkeit, die horizontale Welt gesellschaftlicher Beziehungen zu verlassen zugunsten einer vertikalen Ausrichtung an Erde und Himmel, dem Stofflichen und dem Geistigen. Weite, offene Räume können dieses Verlangen am besten stillen, die Räume, die ich selbst zuerst in der Wüste fand und dann in den westlichen Prärien. Solche Räume zu betreten ist nicht so leicht, wie man es sich vielleicht vorstellt; oft sind sie privates Land, an dem man auf dem Weg zum öffentlichen Land mit seinen Bäumen und Steilhängen vorbeifährt, privat deshalb, weil es leichter ist, den Wert von etwas als den des Nichts zu erkennen, und weil es, sofern es sich nicht um die absolute Leere wüstentrockener Seebetten handelt, zum Anbauen oder Abweiden geeignet ist.

Vor einigen Jahren war ich am Unabhängigkeitstag bei einem Picknick auf einer riesigen Rinderfarm im Nordosten von New Mexico, wo ich, abgesehen von den Freunden, die mich eingeladen hatten, keinen Menschen kannte. Während jener Monsunzeit war das Gras ein grüner Teppich mit einem Muster aus kleinen Erdhöhlen, kugelförmigen Kakteen und Wildblumen, aus denen jedes Mal, wenn ich mich ihnen näherte, leuchtend helle Insekten hochsprangen. Dieser Teppich erstreckte sich ohne Unterbrechung bis zu den blauen Bergen, die einen Tagesmarsch oder weiter entfernt lagen, eine weitflächige Landschaft, in der man, so schien es, nie stehen bleiben müsste oder aber, hätte man die ganze Strecke durchmessen, verwandelt worden wäre. Ich entschuldigte mich bei den anderen und ging hinein in diese Landschaft, bis die Gruppe von Schwarzpappeln und Ulmen, die einzigen Bäume in dieser unermesslichen Weite, ganz klein geworden war, lange nachdem die Menschen darunter bereits verschwunden waren. Leichte Sommerwinde streichelten mich, meine Füße schritten voran, als verfügten sie über einen eigenen Antrieb, und die Berge waren stets voller Versprechen. Ich machte halt, bevor die Bäume außer Sichtweite waren, wollte an jenem Tag nicht völlig in die Weite entschwinden. Diese Räume sind vielleicht das beste Äquivalent der Wahrheit, der Klarheit, der Unabhängigkeit, das ich kenne.

»Leere ist der Pfad, auf dem der Mensch geht, der seine Mitte gefunden hat«, sagte ein tibetischer Mönch vor sechshundert Jahren, und in dem Buch, in dem ich diese Verkündigung fand, folgte darauf eine Erklärung des tibetischen Wortes für »Pfad«: »Shul«, ein

> Zeichen, das bleibt, wenn das, wodurch es entstanden ist, schon nicht mehr da ist – zum Beispiel ein Fußabdruck.

> Shul kann auch die vernarbte Mulde sein, wo einst ein Haus gestanden hat, oder eine Rinne im Gestein, die nur bei starken Niederschlägen tatsächlich Wasser führt, die flach gedrückte Stelle im Gras, wo letzte Nacht ein Tier gelegen hat. All das ist Shul: der Eindruck oder Abdruck von etwas, was einmal da war. Auch ein Pfad ist Shul: ein im Laufe der Zeit entstandener Eindruck, von vielen Füßen geschaffen und für andere frei und gangbar gehalten. Als Shul kann auch die Leere als Abdruck von etwas verstanden werden, das einst da war. Der Abdruck ist in diesem Fall durch die Narben gegeben, die das selbstsüchtige Begehren hinterlässt.

Im Jiddischen ist Shul eine Synagoge – allerdings versuchte ich damals nicht, meine verschollene Vorfahrin in einen Tempel zu schicken, sondern auf einen Pfad durch eine unbewohnte Weite, wo der Himmel bis zu den Füßen herunterzukommen scheint.

Lange stellte ich mir vor, sie sei die Frau auf Lewis Hines Foto *Junge russische Jüdin auf Ellis Island* von 1905. Für einen für seine Sozialdokumentationen bekannten Fotografen ist es ein eigenartiges Bild, mit diesem ernsten, grüblerischen Gesicht und dem undeutlichen, weichgezeichneten Hintergrund. Ellis Island, auf den meisten Bildern von Menschen überlaufen, ist hier leer und still. Der einzige Hinweis auf den Ort selbst sind die verschwommenen Geländerreihen, durch welche die Menschenschlangen in die Große Halle geschleust wurden. Dieses Bild eines derart privaten und einsamen Moments inmitten des dichten Gewühls von Ellis Island dokumentiert eine Ausnahme sowohl auf der Insel selbst als auch in Hines Werk. Hier geht es nicht um gesellschaftliche Zustände. Hier geht es um die Seele. Eine Frau mit einem Schal oder Kopftuch, gerade weit genug zurückgeschoben, dass man ihre schwarzen Haare sehen kann, die in der Mitte gescheitelt sind und schon länger nicht mehr gewaschen wurden, blickt auf irgendetwas jenseits der Kamera, weder eingeschüchtert noch gefesselt. Nur ihr Stoffmantel mit dem asymmetrischen Verschluss macht sie als jemanden kenntlich, der aus den östlichsten Randgebieten Europas kommt. Aus der Nähe betrachtet ist sie fast schön, jung und irgendwie empfindlich, doch von weiter weg oder auf einer kleineren oder dunkleren Abbildung kann man den Schädel in dem ausdruckslosen Gesicht dieser Emigrantin sehen, als hätten Hunger, Erschöpfung und Angst sie an andere als nationale Grenzen geführt. Die Stirn über ihren schattendunklen Augenhöhlen glänzt so weiß wie der Himmel hinter ihr. Es ist, als könnten wir durch sie hindurchsehen zu der gleichen Blässe des fernen Himmels, oder als wären beide nur leere Stellen auf dem Fotopapier.

Lange nachdem das Bild der in die Prärie tretenden Frau ein für mich sicherer Talisman war, erzählte man mir, dass meine Urgroßmutter gar nicht verschwunden war. Ihr Mann hatte sie, als sie in Kalifornien ankam, in eine Nervenheilanstalt einweisen lassen, und als ihre drei Kinder eintrafen, mussten sie feststellen, dass ihr Vater erneut geheiratet hatte, diesmal eine Amerikanerin, und eine neue Tochter hatte. Den Rest malte ich mir aus, etwa wie meine Großmutter ankam und entdecken musste, dass sie von einer Halbschwester verdrängt worden war, die die englische Sprache fließend beherrschte, die sie erst lernen musste und für den Rest ihres Lebens mit einem starken Akzent sprechen sollte. Anfangs schien sie sich zurechtgefunden zu haben und trat, einem anderen Foto zufolge, einem Wanderklub für Frauen bei: kräftige junge Frauen in kniehohen Schnürstiefeln und Pumphosen, so einheitlich gekleidet, dass sie aussahen wie ein Militärtrupp, oben in den jungen, kiefernbestandenen Bergen von Los Angeles. Erkennen kann ich sie in dieser Gruppe von olivhäutigen Mädchen mit ihren hoffnungsvollen Blicken nicht. Irgendwann gegen Ende der

Zwanzigerjahre heiratete sie meinen Großvater, einen anderen Einwanderer aus einem nahe gelegenen Ort im russischen Ansiedlungsrayon, der in die Wirren der Russischen Revolution geraten und von seinem älteren Bruder herübergeholt worden war. Sie lernten sich, wie irgendjemand einmal erwähnte, in einem jüdischen Wanderklub kennen, und diese Tatsache passt überhaupt nicht in das allgemeine Bild von ihnen, denn sie schienen absolute Stadtmenschen zu sein, zusammengeschrumpft in ihren Körpern, die für sie Wohnungen des Fleisches waren, nicht jedoch ein Mittel, um in dem offenen Raum der Neuen Welt Abenteuer zu erleben. Näher kommt die Wirklichkeit, in der diese Vorfahren lebten, nicht an meine Fantasievorstellung von der in der Prärie aus dem Zug gestiegenen Frau heran.

Meine Urgroßmutter verschwand aus dem Leben ihrer Kinder. Und es stellt sich die Frage, ob sie es freiwillig tat oder ob sie keinen Weg zurück aus ihren Gedanken finden konnte. War sie nur für ihre Kinder verloren, weil sie einen anderen Weg gefunden hatte, oder war sie auch für sich selbst verloren, der Fähigkeit beraubt, sich in der Welt und ihrem eigenen Verstand zurechtzufinden? Auch den Verstand kann man sich als Landschaft vorstellen, doch allein der Verstand von Weisen ähnelt unter Umständen der Kurzgrasprärie, in der ich mit dem In-die-Irre-Gehen und Verschwinden gespielt hatte. Bei uns anderen gibt es Höhlen, Gletscher, reißende Flüsse, dicke Nebel, Abgründe, die sich direkt vor unseren Füßen auftun, ja sogar wilde, räuberische Tiere, die Namen aus unserer Familie tragen. Es ist eine Landschaft, in der man sich leicht verirren kann, und manche Gegenden machen einem Angst und Bange. Es gibt eine buddhistische Erzählung von einem Mann, der an einem Mönch vorbeigaloppiert, welcher ihn fragt: »Wohin reitest du?« – »Da musst du mein Pferd fragen«, antwortet der Mann. Diese unkontrollierbare Emotion erlaubt es einem nicht, sich sein Ziel auszusuchen oder es gar zu sehen. Es ist die einfachste Form des Wahnsinns, von der die meisten von uns gelegentlich auch kosten.

Meine Großmutter tauchte in meinem Leben genauso plötzlich auf, wie ihre Mutter verschwunden sein musste. Niemand hatte mir erzählt, dass ich eine andere Großmutter hatte als die irisch-amerikanische Mutter meiner Mutter im Ostteil des Landes, die wir nur selten sahen, bis wir eines Tages, nicht lange nachdem wir zurück nach Kalifornien gezogen waren, aber noch vor meiner Einschulung, nach Los Angeles fuhren. Wir hielten vor einer von einem Asphaltmeer umgebenen riesigen Betonanstalt, und dann kam diese unerwartete Vorfahrin herunter und gab mir, während wir alle draußen standen, einen Kuss. Auf meiner Wange blieb etwas Lippenstift zurück, und meine Mutter wandte sich um und stieß einen spitzen Schrei aus, weil sie dachte, es sei Blut. Später wurde meine Großmutter dann in die staatliche Heilanstalt in Napa überwiesen, gar nicht weit von unserem Wohnort entfernt. Jahrelang dachte ich, es sei ein Altersheim, da sie in einer Abteilung war, auf der ausschließlich ältere Frauen lebten, die es danach dürstete, Kinder zu sehen, und die sich deshalb bei unseren Besuchen immer um uns scharten und uns Münzen schenkten, und außerdem hatte mir auch niemand etwas anderes gesagt. Es war eine geradezu unheimlich stille Anlage mit vielen großen Rasenflächen, auf denen verstreut Bäume standen, die einen angenehmen Schatten warfen. Versuche ich mich heute daran zu erinnern, so fallen mir die Rotschulterstärlinge ein, die wir auf der Fahrt dorthin immer in den Sümpfen der San Pablo Bay sahen; und ein Nachmittag oder viele Nachmittage, die mein jüngerer Bruder und ich damit verbrachten, auf einer dieser Rasenflächen Gänseblümchenketten zu flechten, die meine Großmutter dann immer trug, bis sie rund um ihren enormen Busen und buckligen Rücken herum verwelkt waren; und mir fällt der Kirschmoststand unter dem riesigen Baum ein, wo wir auf dem Heimweg immer anhielten, und der Geschmack der Kirschen. Es kam mir nie in den Sinn, sie nach der Vergangenheit zu fragen, und wahrscheinlich hätte sie auch nicht viel zu sagen gehabt.

Angeblich litt sie an paranoider Schizophrenie. So lautete jedenfalls die Diagnose, aufgrund derer sie die letzten Jahrzehnte ihres Lebens in einer Anstalt verbrachte. Ich dachte allerdings immer, ihr Weltbild sei unter den gegebenen Umständen vielleicht sogar völlig vernünftig, obwohl sie damals, als ich sie kennenlernte, ein menschliches Wrack war, dessen Verstand durch Schockbehandlungen, jahrelange Medikamenteneinnahme und den Tribut, den Anstalten fordern, verändert worden war. Es ist schwer zu sagen, ob tatsächlich ihr Schmerz oder ob ihre Vergangenheit beseitigt wurde oder ob beides dasselbe war. Die sie behandelnden Ärzte haben aller Wahrscheinlichkeit nach selbst nie eine so tiefe Instabilität erfahren wie sie: verschwindende Mütter, die enorme Kluft zwischen dem mittelalterlichen russisch-polnischen Ansiedlungsrayon und dem funkelnden amnestischen Los Angeles, die drei oder vier Sprachen, die sie zurückließ, und das Englisch, das sie nie richtig lernte, die Auslöschung der Welt, aus der sie kam, und der Verwandten, die sie zurückließ. »Posttraumatische Belastungsstörung« lautete eine andere Diagnose, die ein Therapeut einmal für ihr Verhalten angeboten hatte, ein Zustand, der den vielen Arten von Krieg, die sie überlebte, Rechnung trug und einer Welt, in der nichts so weit hergeholt oder so schrecklich war, als dass es nicht hätte passieren können.

Die Geschichten, die mein Vater mir über seine Kindheit und Familie erzählt hat, kann ich an einer Hand abzählen. Er war rund 30 Zentimeter größer als seine Eltern und mit seinen blauen Augen und einst blonden Haaren weit, weit heller als seine Mutter, als stammte er direkt aus Südkalifornien mit all seinem Sonnenlicht und Überfluss. Er war Teil jener großen Assimilationswelle der Fünfzigerjahre, als die ethnische Herkunft als überflüssiger Ballast betrachtet wurde, als Amerika an die Zukunft wie an eine Religion glaubte. Es ist nicht schwer sich vorzustellen, warum er seinen schurkischen Vater und seine verrückte Mutter aus seiner Identität ausradieren wollte, obwohl er ihnen mehr ähnelte, als es äußerlich den Anschein hatte, so wie sein ganzes Leben lang immer wieder die Pferde mit ihm durchgegangen sind. Die jüngere Schwester meines Vaters, meine Tante, war genauso dunkel wie ihre Mutter und wurde als junges Mädchen, als sie mit ihrem Vater in El Paso lebte, stets für eine Mexikanerin gehalten, weshalb sie oft Probleme hatte, aus Juárez über den Rio Grande zurückzukommen. Von ihrem zweiten Mann bekam sie dann einen Nachnamen, der zu ihrem Äußeren passte, und ging von da an als Latina durch. Sie war sarkastisch, literarisch gebildet und radikal, diejenige, die die Familiengeschichten und -fotos aufbewahrte, obwohl diese weniger als Stützen eines fest gefügten Bildes von der Vergangenheit dienten, sondern eher als Phantasmen und Fiktionen, die sich entsprechend den Anforderungen der Gegenwart ständig veränderten. Doch das tun alle Geschichten und Fotografien, die öffentlichen ebenso wie die privaten.

Ein andermal hängte meine Tante in ihrem Haus ein Foto von ihrer Mutter, meiner Großmutter, auf – ein weiteres Bild, das ich dort nur ein einziges Mal sah. Es zeigte ein Kind, das neben einem grob gearbeiteten hölzernen landwirtschaftlichen Gerät stand. Wäre die Fotografie bereits vor fünfhundert Jahren erfunden gewesen, man hätte sich leicht vorstellen können, dieses Bild stamme aus jener Zeit. Es vermittelte einen Eindruck davon, wie rückständig die Welt gewesen war, aus der meine Großmutter in den Zehner- oder Zwanzigerjahren des 20. Jahrhunderts ins sonnige, optimistische, wirtschaftlich blühende Los Angeles gekommen war. Mit mir schienen die Menschen auf den Fotos, die meine Tante mir manchmal zeigte, wenig oder gar nichts zu tun zu haben; ihre Gesichter, ihre Posen, ihre Kleidung verrieten mehr über eine bestimmte Zeit und einen bestimmten Ort als über unsere Familie und Verwandtschaft. Die Technologie und die Konventionen der Fotografie haben den Bildern einer jeden Generation ein ganz bestimmtes Aussehen verliehen, während die Geschichte, die Mode und die Ernährung auf jedem einzelnen Körper ihre Spuren hinterließen, sodass fast alle Menschen einer bestimmten Epoche auf eine Art miteinander verwandt sind, die sie nicht mit anderen Generationen teilen. Vor den Sechzigerjahren des 20. Jahrhunderts schienen das Licht und die Luft selbst fast eine Tiefe und Leuchtkraft wie unter Wasser gehabt zu haben: Die Haut glänzte schillernd und alles wirkte, als hätte es eine schwache Aura, die dann von den neueren Schwarz-Weiß-Filmen, welche weniger Silber in der Emulsion hatten, zerstört wurde. Ich glaube, die meisten Amerikaner, die die Weltwirtschaftskrise nicht selbst miterlebten, sind der Meinung, sie habe sich in einer Welt mit groben, aber insgeheim doch verführerischen schwarz-weißen Oberflächen zugetragen, als stellte die Textur selbst eine Art Reichtum dar, der die ganze Armut wettmachen konnte. Und zu Beginn des letzten Jahrhunderts, als das Licht grell war und von weit oben kam, gab es viele ernste, hohläugige Gesichter über Kleidern, die den Körper kaschierten. Hoch oben im Himalaja gibt es Fossilien von Muscheln – was war und was ist, das ist zweierlei.

Vor rund zehn Jahren besuchte einer meiner Brüder einen Cousin in Mexiko-Stadt. Es war ein Cousin ersten Grades unserer Großmutter, bei dem sie nach der Auswanderung ihrer Eltern gewohnt hatte und der ungefähr zur gleichen Zeit, als sie in die USA kam, nach Mexiko ausgewandert war. Der Patriarch dieser Familie, der als Hausierer angefangen hatte und ein wohlhabender Kunstsammler geworden war, konnte sich noch an ihre gemeinsame Kindheit erinnern und erzählte meinem Bruder, dass unsere Urgroßmutter nie bis Ellis Island und Amerika gekommen, sondern in Russland in eine Heilanstalt gesteckt worden sei. Als ich diese Geschichte hörte, verschwand das Bild *Junge russische Jüdin auf Ellis Island* plötzlich aus meinem imaginären Familienalbum und wurde etwas Unpersönliches, ein Lewis-Hine-Bild aus der Welt dessen, was man Dokumentation nennt, und die namenlose Frau, von der ich abstamme, wurde wieder gesichtslos und unvorstellbar. Heute frage ich mich, was ich wohl gesucht haben mag, als ich mich auf Geschichten und Bilder stürzte, um die Leere zu füllen. Hine hatte jenes Bild 1905 aufgenommen, in dem Jahr, in dem meine Großmutter geboren wurde, bevor ihre Brüder geboren waren, zu früh, als dass es meine Vorfahrin hätte zeigen können, die höchstwahrscheinlich nie bis Ellis Island gekommen war. Obwohl damals die Unzuverlässigkeit meiner Tante unverkennbar war, wird heute meine eigene Unzuverlässigkeit erkennbar: Ich sehe, dass Hines Bild ein klein wenig wie eine dunkle, gespenstische Version meiner selbst aussieht und überhaupt nicht wie meine Großmutter, doch wer weiß, wie ihre Mutter im Lotteriespiel der Eigenschaften, die die aus großen und kleinen, blassen und dunklen Menschen bestehende Familie meines Vaters ausmachten, wirklich aussah.

Manchmal glaube ich, ich bin Historikerin geworden, weil ich keine Geschichte habe, aber auch, weil ich daran interessiert war, die Wahrheit zu sagen in einer Familie, in der die Wahrheit etwas Flüchtiges darstellte. Am besten könnte man ihr dienen, wenn man, statt eine autoritative und unvoreingenommene Beziehung zu den Fakten für sich in Anspruch zu nehmen, seine eigenen Wünsche und Ziele offenlegt, denn die Wahrheit ist nicht nur in äußerlichen Begebenheiten zu finden, sondern auch in Hoffnungen und Bedürfnissen. Die Kulturgeschichten, die ich geschrieben habe, sind oft verborgen, verloren, vernachlässigt, zu ausgedehnt oder zu amorph gewesen, um bei anderen auf dem Radarschirm aufzutauchen, Geschichten, die keine sauber abgesteckten Felder sind und jemandem gehören, sondern Pfade und Wasserläufe, die sich durch viele Felder schlängeln und niemandem gehören. Insbesondere die Kunstgeschichte wird oft als fast schon biblische Abstammungslinie dargestellt, eine lange Reihe von Zeugungen, bei der Maler ausnahmslos von Malern abstammen. Genau wie die rein patrilinearen Stammbäume des Alten Testaments die Mütter und selbst die Väter der Mütter unter den Tisch fallen lassen, so lassen diese sauberen, ordentlichen Geschichten die ganzen Quellen und Inspirationen unter den Tisch fallen, die aus anderen Medien und anderen Begegnungen stammen, aus Gedichten, Träumen, der Politik, einer Kindheitserfahrung, einem Gefühl der Ortsbezogenheit, lassen die Tatsache unter den Tisch fallen, dass die Geschichte eher aus Kreuzungen, Abzweigungen und Irrgärten als aus geraden Linien besteht. Diese anderen Quellen nannte ich »die Großmütter«.

Doch jene Urgroßmutter von mir steht für etwas anderes. Solch eine direkte Vorfahrin zu haben, die ein Geheimnis und das Unbekannte verkörperte, ist vielleicht ein Geschenk, großzügig, wie es die leere Luft über der Prärie ist, genau wie manche Fragen tiefschürfender sind als ihre Antworten. Shul, der Pfad, der der Abdruck von etwas ist, das einst da war – das ist jetzt sie, das ist vielleicht der Weg, auf dem ich mich momentan bewege. Ich könnte Stammbäume überprüfen und ferne Verwandte aufspüren und die wahre Geschichte herausfinden. Doch wäre das ihre wahre Geschichte? Meine ist, dass ich mit diesen sich ändernden Geschichten aufgewachsen bin. Was heute, so viele Jahre nachdem ich mir zum ersten Mal eine in die Prärie tretende Frau vorgestellt habe, lebendig und nah zu sein scheint, sind die Rotschulterstärlinge in dem Sumpfgebiet auf dem Weg zur Nervenheilanstalt und der Kirschmost auf dem Heimweg, ein Geschmack wie das rote Aufblitzen der zwischen den Rohrkolben umherfliegenden Vögel. Wenn ich die münzgroßen

Gänseblümchen sehe, die hier in der Gegend auf Rasenflächen wachsen, muss ich oft an jene welkenden Gänseblümchenketten denken. Es ist, als wären die Vögel meine Verwandten, dieser Ort meine Vorfahren, Kirschsaft das Blut in meinen Adern. Meine Tante hat zu diesem Thema nichts mehr zu sagen. Ihren letzten Tag auf Erden haben wir gemeinsam verbracht. Eine Freundin von ihr hatte mich am Abend zuvor angerufen, um mir mitzuteilen, dass sich ihre Lungenkrebserkrankung rapide verschlimmerte, obwohl wir damals dachten, sie hätte noch rund einen Monat zu leben. Ich hatte mehr denn je zu tun, und es war nicht meine Art, meine Arbeit urplötzlich fallen zu lassen, aber aus irgendeinem Grund fuhr ich am nächsten Morgen in den Wald hoch, in dem sie wohnte. Ihr Haus lag am Nordhang einer ehemaligen viktorianischen Sommerfrische, die nie dazu gedacht gewesen war, das ganze Jahr über bewohnt zu werden, selbst nicht, bevor die Redwood-Bäume nachwuchsen und ständigen Schatten und Feuchtigkeit mit sich brachten. Ihr klammes Haus verschlimmerte ihre Krankheit noch, genau wie ihre fünf Katzen, doch sie war entschlossen, bis zum Schluss zu Hause zu bleiben. Ihre stolzeste Leistung war ein Prozess zwanzig Jahre zuvor gewesen, der einen Präzedenzfall schuf und die lokale Wasserscheide vor dem Abholzen bewahrte.

So fuhr ich also nach Norden, vorbei an der Stadt, in der ich groß geworden war, sowie an anderen Städten, an Apfelplantagen und Weinbergen, in den düsteren Redwood-Wald hinein und die steile, kurze Schotterstraße zu ihrem Haus hinauf. Sie war ausgezehrt, ihre Augen groß und verängstigt. Sie atmete reinen Sauerstoff aus einem leise zischenden Apparat. Die Katzen liefen über den mit Büchern und Zeitschriften übersäten Tisch. Ich gab ihr das erste Exemplar meines neuen Buches und überredete sie dazu, mit ihrem tragbaren Sauerstoffgerät das Haus zu verlassen. Wir hatten vorgehabt, Mittag essen zu gehen und meine Siege zu feiern, die, darauf hatte ich immer bestanden, auch ihre waren, denn sie hatte mich, lange bevor ich zu schreiben begann, mit Büchern und Inspirationen versorgt. Sie dirigierte mich einen Weg entlang, den ich noch nie gefahren war, und sprach von vielen verschiedenen Dingen, davon, wie sie diese Gegend liebte, wie sie es bedauerte, dass sie es nicht mehr miterleben würde, wenn ich mir Land kaufte, und von ihren Kindern, von meiner Familie, diesem anderen Zweig eines kleinen Baumes, von meiner Zukunft. Hinterher schien es, als hätten wir an jenem Tag alles gesagt, was gesagt werden musste.

Der Fluss, an dem wir entlangfuhren, floss ins Meer, wurde an der Mündung breit und ruhig, und das Nachmittagslicht ließ ihn silbern leuchten, genauso silbern wie das Meer. Ich blickte hinüber, und in dem Augenblick schienen zwei Dinge, die bis dahin Geschichten gewesen waren, Tatsachen zu sein: der Glaube vieler Küstenstämme, dass die Seelen der Toten nach Westen über das Meer ziehen, und die Beschreibung des Todes als den Punkt, wo der Fluss ins Meer fließt. Ich hatte meine Tante zu ihrem Tod gefahren oder, wie es in jenem leuchtenden Licht schien, das so still war wie der Augenblick nach einem Donnerschlag, uns beide zu einem Treffen mit dem Tod. Diese kühle Wasser- und Lichtpracht ließ den Wald, aus dem wir gekommen waren, dunkler erscheinen; wir waren eingetreten in die farblose, strahlende Landschaft des Todes, die aufgeladen war mit etwas so Vitalem wie dem Leben selbst, zu majestätisch, um Furcht einzuflößen, verklärt, verwandelt in eine andere Welt. Es war nur noch ein kleines Stück bis zu dem Restaurant, wo wir uns so hinsetzten, dass ich sie und sie das Meer sehen konnte. Am Tag darauf versank sie im Fieberwahn und starb vier Tage nach jener Fahrt ans Meer bei sich zu Hause.

Neun Monate später tauchten die beiden Fotos, an die ich mich so lebhaft erinnert hatte, im Haus meiner Cousine in Schottland auf. (Zwei der drei Kinder meiner Tante sind nach Europa zurückgekehrt, als sei bei ihnen die Verpflanzung in einen neuen Boden nicht geglückt; ihre Mutter hatte, in typisch linker Manier, kein gutes Haar an den Vereinigten Staaten gelassen, doch sie liebte ihren Redwood-Wald, ihren Fluss, ihr Haus und fuhr nur selten weit weg.) Als ich mir jene Bilder ansah, wurde mir klar, wie sehr sie sich in meiner Vorstellung verändert hatten. Und erst jetzt, da ich mich hinsetze, um diese Zeilen zu schreiben, begreife ich, dass auch ich meine Vergangenheit ausradiert habe. Ich habe immer gewusst, dass mein zweiter Vorname eine anglisierte Version des Namens meiner Urgroßmutter war, doch in meinen Jugendjahren habe ich ihn aufgegeben, weil mir sein Klang nicht gefiel und ich dachte, ein zweiter Vorname sei unnötig, da es so wenige Menschen mit meinem Nachnamen gibt. Erst jetzt ist mir klar geworden, welcher Urgroßmutter jener Name gehörte, erst jetzt, da ich diese Geschichte aufschreibe, kenne ich den Namen jener unbekannten Frau und weiß, dass er auch mein eigener Name oder jetzt vielmehr der leere Raum zwischen meinen Namen ist.

Das Blau der Ferne

Im Jahre 1527 weigerte sich der Spanier Álvar Núñez Cabeza de Vaca, dem Befehl seines Kommandanten Folge zu leisten, die Expeditionsschiffe in einen sicheren Hafen zu steuern, während der Kommandant und die Mehrzahl der Männer das Landesinnere erkunden wollten. Narváez, der Kommandant, fragte nach dem Grund, und sein Stellvertreter Cabeza de Vaca gab ihm zur Antwort, er wisse

> mit Sicherheit, dass weder er [Narváez] die Schiffe noch die Schiffe ihn jemals wiedersehen würden, wie jedermann aufgrund unserer beklagenswert unzulänglichen Vorbereitungen vorhersagen könne; dass ich mich lieber den Gefahren aussetzen würde, die im Landesinneren auf uns warteten, als auch nur irgendeinen Anlass dazu zu geben, dass man meine Ehre in Frage stellte, weil ich an Bord in Sicherheit blieb.

Und so marschierten der unfähige Narváez, Cabeza de Vaca und dreihundert Mann zwischen den Zwergfächerpalmen einer großen, unbewohnten Weite, der Juan Ponce de León vierzehn Jahre zuvor den Namen »Florida« gegeben hatte, fünfzehn Tage in Richtung Norden. Sie hatten Indianer getroffen, die ihnen erzählten, im Norden liege »eine Provinz namens Apalachen, wo es viel Gold gab und eine große Menge von allem, was wir haben wollten«. Ehre und Habgier sollten die beiden Tore sein, durch die Cabeza de Vaca das Reich des absolut Unbekannten betrat.

Das Apalachen, das sie fanden, bestand aus einem Dorf mit vierzig schilfgedeckten Hütten, dessen einzige Schätze reifer Mais auf den Feldern, getrockneter Mais in den Vorratskammern, Hirschfelle und »kleine Umhängetücher von schlechter Beschaffenheit« waren. Die Goldsucher marschierten weiter, wateten durch Seen, zogen tagelang ziellos durch die Gegend, lieferten sich Gefechte mit Indianern, verzehrten das Fleisch ihrer eigenen Pferde, bauten Barken, um zu den spanischen Ansiedlungen in Mexiko zu gelangen, wobei sie keine Ahnung hatten, wie weit es bis dorthin war, starben an Pfeilen, die ihre Rüstungen durchbohrten, an Krankheiten, verhungerten, ertranken. Nie wieder wird jemand derart verloren sein wie jene frühen Konquistadoren, die auf einem Kontinent umherirrten, von dem sie nichts wussten, von dem sie weder die Topografie noch das Klima kannten, die Einheimischen begegneten, mit denen sie keine Sprache gemeinsam hatten, die in Landschaften kamen, für deren Lokalitäten, Pflanzen und Tiere – Stinktiere, Krokodile, Büffel – sie keine Namen hatten und die so vollkommen anders waren als die ihres Heimatkontinents.

Eduardo Galeano merkt an, dass Amerika zwar erobert, aber nicht entdeckt wurde, dass die Männer, die mit einer Religion eintrafen, die sie allen aufzwingen wollten, und mit Träumen von Gold, nie wirklich wussten, wo sie waren, und dass diese Entdeckungen noch heute, in unseren Tagen, andauern. Was darauf hindeutet, dass die meisten aus Europa stammenden Amerikaner während der ganzen letzten Jahrhunderte verloren gewesen sind, nicht im praktischen Sinn verloren oder verirrt, sondern in dem tieferen Sinn, dass sie nicht begriffen, wo sie tatsächlich waren, dass die Geschichte und das Wesen dieser Welt sie nicht wirklich interessierten. Stattdessen benannten sie sie nach den Orten, die sie hinter sich zurückgelassen hatten, und versuchten, diese Orte durch importierte Pflanzen, Tiere und Brauchtümer nachzubilden, obwohl Kürbis, Ahorn und andere

Nahrungsmittel ebenso Teil ihrer Ernährung wurden wie beispielsweise Wörter wie »Connecticut«, »Dakota« und »raccoon« (das auf das indianische Wort für »Waschbär« zurückgeht) Eingang in ihre Sprache fanden. Doch Cabeza de Vaca und seine Kameraden sollten von diesem Land und seinen Menschen besiegt werden, wenngleich zumindest er herausgefunden zu haben schien, wo er war. Bis auf vier starben alle sechshundert Teilnehmer der Expedition in diesem Land, das sie nicht kannten, entweder schnell – in Kämpfen, an Krankheiten oder an Hunger – oder langsam, als Sklaven oder von Indianerstämmen Adoptierte, und ihre Geschichten sind zum großen Teil für immer für die Geschichte verloren.

Am Mississippidelta nahm Narváez die stärksten und gesündesten Männer in seine Barke und ruderte, die beiden anderen Barken zurücklassend, voraus. Tage verstrichen. Eine Barke ging in einem Sturm verloren. Die andere wurde von Cabeza de Vaca geführt, dessen Männer

> dem Tode nahe übereinander zusammengebrochen waren. Nur noch wenige waren bei Bewußtsein. Nicht einmal fünf konnten überhaupt noch stehen. Als es Nacht wurde, waren nur noch der Steuermann und ich in der Lage, die Barke zu bedienen. Zwei Stunden nach Einbruch der Dunkelheit bat er mich, das Steuer zu übernehmen; er glaubte, noch in dieser Nacht sterben zu müssen.

Nach Mitternacht, so erinnert sich Cabeza de Vaca, hätte er dann »lieber sterben mögen, als um mich herum so viele Menschen in derart elender Verfassung zu sehen«. In der Morgendämmerung konnte er Brecher hören; im Tageslicht stießen sie dann auf Land, bei dem es sich wahrscheinlich um Galveston Island in Texas handelte, und die Männer »begannen, ihre Sinne, ihre

Bewegungsfähigkeit und ihre Hoffnung wiederzufinden«. Indianer gaben ihnen Fisch und Wurzeln zu essen; erneut stachen sie in See, doch die Barke kenterte unweit der Küste und »die Überlebenden retteten sich so nackt, wie sie geboren waren, und verloren alles, was sie besaßen«. Wieder waren sie den Indianern auf Gnade und Barmherzigkeit ausgeliefert. Es war Winter geworden, die Spanier begannen zu verhungern, die Indianer begannen, an der Ruhr zu sterben, die die Spanier mitgebracht hatten, und die sechzehn Überlebenden der rund neunzig Schiffbrüchigen tauften die Insel »Malhado«, die »Unglücksinsel«.

Cabeza de Vaca wurde zum Sklaven dieses Stammes, führte ein »unerträgliches« Leben harter Arbeit, wobei er unter anderem Wurzeln aus dem Wasser und zwischen dichten Zuckerrohrstauden ausgraben musste. Er wurde auf ein Nichts reduziert, besaß keine Sprache, keine Kleidung, keine Waffen, keine Macht, doch er floh und wurde in diesem Gebiet zum Händler mit Muschelschalen, roter Ockerfarbe und Mesquitebohnen. Er schien eine bemerkenswerte körperliche Ausdauer gehabt zu haben sowie die Fähigkeit, sich immer wieder neu zu erfinden. Tage- und wochenlang zog er mit nur einer kargen Mahlzeit am Tag umher. Erneut wurde er Sklave. Er stieß auf einige Landsleute, die ebenfalls überlebt hatten, und gemeinsam flohen sie aus der neuen Gefangenschaft. Sie kamen auf das Gebiet eines anderen Indianervolkes, wo sie als Heiler willkommen waren und bis zum Frühling blieben. Bemerkenswert an dieser Stelle seines Berichts ist, dass er schreibt, er habe sich auf der Suche nach den Schoten von Mesquitebohnen verirrt. Er hatte sich bereits so an das neue Leben, in das er hineingefallen war, gewöhnt, dass er sich erst als verirrt betrachtete, als er in jener wegelosen Gegend mit ihren Mesquitebäumen die Route und seine Begleiter aus den Augen verloren hatte. Fünf Tage marschierte er weiter und trug die ganze Zeit glimmende Scheite mit sich, damit er sich nachts an einem Feuer wärmen konnte, und am fünften Tag stieß er dann wieder auf seine Gefährten von der Narváez-Expedition und die Indianer, die ihm Kaktusfeigen zu essen gaben.

Da sie in der brennenden Sonne nackt umherziehen mussten, so berichtet er, wechselten er und seine Gefährten »wie die Schlangen zweimal im Jahr die Haut« und hatten von der Sonne, dem Wind und der harten Arbeit ständig wunde Stellen (obwohl einer von ihnen, Estevanico oder Esteban, »der Neger«, aus Afrika stammte, weshalb es ihm, was den Sonnenbrand betraf, besser ergangen sein musste). Und wieder

> wurden wir alle zu Ärzten, von denen ich, der ich versuchte, alles und jedes zu heilen, der mutigste und verwegenste war. Das Vertrauen in unsere unfehlbare Heilkunst ging so weit, daß sie glaubten, solange wir unter ihnen weilten, könne keiner von ihnen sterben.

Monate verbrachten sie bei verschiedenen Stämmen – seit dem Unheil in Florida waren bereits Jahre vergangen. Sie zogen immer weiter westwärts. Irgendwann schienen sie dann zu Heiligen geworden zu sein, diese nackten, nicht aufgebenden Überlebenden, deren Reise ein Triumphzug geworden war, auf welchem sie von drei- bis viertausend Menschen begleitet wurden. Jedes neue Dorf begrüßte sie als Wunderheiler, hielt ihnen zu Ehren Tänze ab. Sie erhielten Kupferrasseln, Korallenperlen, Türkissteine, fünf grüne Pfeilspitzen, deren Malachit Cabeza de Vaca für Smaragde hielt, und eine Gabe von sechshundert Hirschherzen. Neun Jahre waren sie umhergeirrt, als sie im »Dorf der Herzen«, wie er es nannte, eintrafen.

Bald darauf stießen sie auf Spuren ihrer Landsleute und hörten auch einiges über die Konquistadoren: Sie waren im heutigen New Mexico angekommen, einem »riesigen Gebiet, das wir leer vorfanden, da die Bewohner aus Angst vor den Christen in die Berge geflohen waren«. Cabeza de Vaca und seine drei Gefährten versprachen den Indianern, sie würden »ihnen den Befehl geben aufzuhören, die Indianer zu töten, zu Sklaven zu machen und zu berauben«, und marschierten weiter. In seinem späteren Bericht warnte Cabeza de Vaca, dass diese Menschen nur durch Güte unter die Hoheit der spanischen Krone zu stellen und für das Christentum zu gewinnen seien. Eines Tages machte er sich mit seinem schwarzhäutigen Gefährten und elf Indianern auf einen mehr als fünfzig Kilometer langen Marsch. Am Morgen darauf stießen sie auf spanische Sklavenfänger zu Pferde, die fassungslos waren über diese nackte Gestalt, die sich unter den Menschen und in der Landschaft dieses anderen Kontinents wohlfühlte. Obwohl er fast ein ganzes Jahrzehnt danach getrachtet hatte, zu seinen Landsleuten zurückzukehren, war diese erste Begegnung nicht einfach. Die Spanier, auf die sie gestoßen waren, wollten Cabeza de Vacas Begleiter zu Sklaven machen, worauf er und seine Mitüberlebenden »so zornig wurden, daß wir fortgingen und die vielen wie türkische Säbel gekrümmten Bogen, die vielen Beutel und die fünf smaragdenen Pfeilspitzen usw. vergaßen, die dadurch verloren waren«. Die Indianer, zu denen sie sich zurückzogen, weigerten sich zu glauben, sie seien vom gleichen Stamm wie die Konquistadoren, denn

> wir kämen von Sonnenaufgang, sie von Sonnenuntergang her; wir machten die Kranken gesund, sie töteten die Gesunden; wir gingen nackt und barfuß, sie bekleidet, hätten Pferde und Lanzen; wir seien nicht habgierig und gäben alles, was man uns schenkte, weiter, während sie alle, denen sie begegneten, ausraubten und nie irgendjemandem etwas schenkten.

Diese Männer, die von Sonnenuntergang her kamen, waren Menschen, wie er selbst einer gewesen war, als er in Florida an Land ging.

Als er schließlich in einen spanischen Ort in Mexiko kam, dauerte es einige Zeit, bis er wieder Kleider tragen und irgendwo anders als auf dem Boden schlafen konnte. Er war nackt umhergezogen, hatte sich wie eine Schlange gehäutet, hatte seine Habgier und seine Angst verloren, hatte fast alles, was einem Menschen außer seinem Leben genommen werden konnte, eingebüßt, aber er hatte mehrere Sprachen erworben, war zum Heiler geworden und hatte die Indianervölker, unter denen er lebte, zu bewundern gelernt und sich mit ihnen identifiziert – er war nicht mehr der, der er einmal gewesen war. Die Sprache seines Berichts an den König ist knapp, unpersönlich; seine Aussagesätze konzentrieren sich auf das Greifbare, die Landschaften, Nahrungsmittel, Begegnungen, und selbst diese werden in schlichte Worte gefasst, mit wenig Beschreibungen, wenig Details. Die Worte, mit denen sich die außergewöhnliche Verwandlung seiner Seele beschreiben ließe, existierten nicht, zumindest nicht für ihn. Er war einer der ersten Europäer, die sich auf dem amerikanischen Kontinent verirrten, und der erste, der zurückkehrte und seine Geschichte erzählte – und wie so viele setzte auch er seiner Irrfahrt nicht dadurch ein Ende, dass er zurückkehrte, sondern dadurch, dass er sich in jemand anderen verwandelte.

Cabeza de Vaca und seine Gefährten tauchten aus eigenem Antrieb in die amerikanische Landschaft ein, doch in den darauffolgenden Jahrhunderten betraten viele diese Landschaft unfreiwillig, als Gefangene. Manche von denen, die zurückkehrten, schrieben oder diktierten Berichte über ihre Erfahrungen in der Gefangenschaft und schufen so eine eigenständige amerikanische Literaturgattung: die »captivity narratives«. Natürlich blieben die Geschichten derjenigen, die nicht zurückkehrten, undokumentiert; ihre Reisen führten hinaus aus dem Schreiben, aus dem Englischen, hinein in ein anderes Terrain von Geschichten.

Oft hatten diese Umherirrenden und Gefangenen anfänglich das Gefühl, sie seien weit weg von zu Hause, fern von ihren Wünschen und Sehnsüchten, doch irgendwann kam es dann zu einer erstaunlichen Umkehr und sie fühlten sich langsam heimisch, während das, wonach sie sich gesehnt hatten, in die Ferne rückte, ihnen fremd wurde, nunmehr unerwünscht war. Für einige gab es vielleicht einen Augenblick, da ihnen klar wurde, dass die alten Sehnsüchte wenig mehr als eine Gewohnheit geworden waren und dass sie sich nicht mehr danach sehnten, nach Hause zurückzukehren, sondern vielmehr schon eine Zeit lang ein Zuhause hatten; für andere musste der Traum vom Zuhause angesichts der zunehmend vertrauten Einzelheiten ihrer Umgebung stufenweise verblichen sein. Sie müssen ihre Umgebung wie eine Sprache gelernt haben und eines Tages aufgewacht sein und sie fließend beherrscht haben. Irgendwie wurde für jene Ausgestoßenen das Ferne nah und das Nahe fern. Sie lehnten das ihnen Unvertraute nicht ab, sondern nahmen es an, und dabei wurde es ihnen dann vertraut. Als Cabeza de Vacas zehnjährige Irrfahrt zu Ende ging, stand er nicht mehr im Einklang mit seiner ursprünglichen Kultur, doch hatte er an ihr als Bestimmung festgehalten, als ein Ziel, das sicherstellte, dass er unbeirrt weitersuchte, obwohl seine Ankunft dann ein weiteres Trauma darstellte. Viele andere weigerten sich zurückzukehren.

Im Jahre 1704 wurden, mitten im Winter, in der Grenzsiedlung Deerfield, Massachusetts, die siebenjährige Eunice Williams sowie sämtliche andere Familienmitglieder und viele ihrer Nachbarn, insgesamt 112 Menschen, von einem Trupp französischer und indianischer Plünderer gefangen genommen. Sie erhielten Mokassins und mussten im Schnee aus dem nördlichen Massachusetts quer durch New Hampshire bis in die Nähe Montreals laufen. Einige der

Entführer waren verwundet und starben, einige der Gefangenen, die nicht Schritt halten konnten – insbesondere Kleinkinder und Frauen, die erst kürzlich ein Kind zur Welt gebracht hatten, darunter auch Williams' Mutter – wurden getötet und ihre Leichen am Wegrand im Schnee zurückgelassen. Viele Kinder mussten die gesamte oder einen Teil der Strecke getragen werden. Einige von ihnen waren nicht nur Gefangene, sondern potenzielle Adoptivkinder; Eunices älterer Bruder Stephen Williams wurde erst von den Abenaki und dann von einem Pennacook-Häuptling adoptiert, obwohl er im Frühjahr 1705 »erlöst«, wie der religiös aufgeladene Begriff lautete, beziehungsweise freigekauft wurde. Eunice wurde von den Mohawk-Irokesen aus der Nähe von Montreal behalten und kehrte nie zurück.

Die Irokesen praktizierten eine zeremonielle Form der Adoption, wonach ein Gefangener die Stelle eines verstorbenen Familienmitglieds einnehmen konnte, doch manchmal waren Gefangene auch ausdrücklich Ersatz für im Kampf Gefallene. Die Gefangenen bekamen einen neuen Namen und wurden wie Familienmitglieder behandelt. Bisweilen gehörte der neue Name einem Verstorbenen, und der Namensträger erbte etwas von dessen Identität und der Zuneigung zu ihm. So wurde Eunice Williams feierlich und offiziell jemand anders. All ihre überlebenden Familienmitglieder waren innerhalb weniger Jahre in ihre puritanischen Gemeinden zurückgekehrt, doch die Menschen, unter denen sie jetzt lebte, meinten, sie würden »sich lieber von ihren Herzen trennen« als von ihr. Und so blieb sie bei ihnen, vergaß recht bald, wie man Englisch spricht, bekam einen neuen Namen, dann einen katholischen Taufnamen (dass sie Katholikin wurde, war für ihren puritanischen Predigervater fast genauso schockierend wie die Tatsache, dass sie eine Indianerin wurde) und schließlich einen zweiten irokesischen Namen.

Im Jahre 1713 heiratete sie, als sie noch keine zwanzig war, einen Mann aus der indianischen Gemeinschaft namens François Xavier Arosen, mit dem sie bis zu seinem Tode zweiundfünfzig Jahre später zusammenblieb. Ihr Bruder Stephen sollte 1722 in seinem Tagebuch schreiben, er habe einen Mann aus Kanada kommen sehen: »Er bringt schlechte Nachrichten von dorther. Meine arme Schwester lebt mit ihrem Indianischen Manne; sie hat zwey Kinder bekommen, eins lebt, das andere nicht.« Die Familie Williams hörte nie auf, ihren Verlust zu beklagen und sie zudem als geistlich verloren zu betrachten. Doch Eunice Williams war schon lange keine Gefangene mehr. Im Jahre 1740 traf sie sich schließlich mit Stephen und ihren anderen Brüdern, reiste mit ihnen nach Hause und nahm sogar an »öffentlichen Gottesdiensten« mit ihnen teil. »Doch mag dieß als Gelöbniß gelten, daß sie zurück kehret in das Haus und den Dienst Gottes, von denen sie so lange getrennet«, obwohl sie sich, dem Brauchtum folgend, weigerte, »ihre Indianischen Decken abzulegen«, und mit ihrem Mann ihr Lager auf einer Wiese aufschlug, statt im Haus eines ihrer Verwandten zu wohnen. Die ganze Zeit über handelte sie ihre emotionale und kulturelle Distanz sehr vorsichtig aus, und zwar zu ihren Bedingungen, nicht zu denen ihrer Familie. Danach besuchte sie ihre Geburtsfamilie noch mehrere Male, verließ jedoch nie die indianische Gemeinschaft, die sie einst gefangen genommen hatte und in der sie im Alter von fünfundneunzig Jahren schließlich starb.

Ihre Familie tat immer so, als wäre sie in eine andere, unerreichbare Welt übergewechselt, doch fällt auf, dass die Grenzen selbst im 18. Jahrhundert verwischt waren. Die Mohawks, unter denen sie lebte, hatten enge Verbindungen mit den Jesuiten in Montreal, und zwischen den diversen französischen, englischen und indianischen Gemeinden herrschte reger Verkehr. Allerdings war es auch eine ziemlich andere Welt. Sie sprach nicht mehr die Sprache ihrer Blutsverwandten, sah sie mehr als dreißig Jahre lang nicht, und hatte sich unter Menschen niedergelassen, deren Überzeugungen und Bräuche sich von denen der Puritaner allesamt zutiefst unterschieden. John Demos deutet in *The Unredeemed Captive*, seinem Buch über Williams, an, dass die Irokesen Kindern gegenüber freundlicher waren, und genau das ist für Weiße oft am schwersten zu akzeptieren, nämlich dass manche Gefangene der indianischen Kultur den Vorzug gaben. Im Rückblick erscheinen einem Cabeza de Vacas Kultur der Spanier und die Kultur der Familie von Eunice Williams bedrohlicher als die indianischen Kulturen, in denen die beiden dann lebten, und ebenso fern. Sie haben etwas Unnachgiebiges, Zwanghaftes, Starres – hart und kantig wie die Rüstungen der Konquistadoren, düster wie die puritanische Theologie.

Einiges davon wird deutlich in Stephen Williams' Weigerung, seine Schwester als irgendetwas anderes anzusehen denn als eine tragische Gestalt – eine Gefangene, die darauf wartete zurückzukehren –, in seiner Weigerung zu begreifen, dass sie jemand anderes geworden war. Das Wort »verloren« hat in diesem Zusammenhang viele verschiedene Schattierungen. Anfangs sind die Gefangenen im wortwörtlichen Sinne verloren gegangen, verschleppt in eine Terra incognita. Und sofern sie nicht »erlöst« respektive freigekauft wurden, blieben sie für die Zurückgebliebenen auch häufig verloren, weshalb diese oft die Sprache des Verlorenseins benutzen, um zu beschreiben, dass jemand verloren gegangen war, so wie Dinge verloren gehen – ein verlorener Schirm, verlorene Schlüssel –, ohne zu begreifen, dass der oder meistens die Gefangene vielleicht gar nicht mehr gefangen oder verloren war. Doch das Wort »verloren« hat auch eine spirituelle Dimension, wie beispielsweise in dem Lied eines reumütigen Sklavenhändlers mit der Zeile »I once was lost but now am found«; diejenigen, die unter die Heiden fielen, wurden im Allgemeinen als geistlich verloren betrachtet, als dem

Christentum und der Zivilisation entfremdet. Weshalb die ehemaligen Gefangenen, egal, wie es ihnen erging, als ewig verloren galten. Doch sie selbst haben sich nicht immer so gesehen; allerdings scheint es, als mussten die Gefangenen in gewissem Sinne ihre Vergangenheit verlieren, um in die Gegenwart einzutreten – dieser Verzicht auf die Erinnerung, auf die alten Verbindungen, ist der hohe Preis der Anpassung.

Mary Jemison, die zusammen mit ihrer Familie 1755 in Pennsylvania gefangen genommen wurde, ließ ihre Geschichte nach ihren eigenen Worten aufzeichnen, weshalb ihre Stimme im Gegensatz zu der von Eunice Williams überlebt hat. Als sie ungefähr zwölf war, wurde die im Grenzland der Siedler gelegene Farm ihrer Eltern überfallen. Ein Indianer ging mit einer Rute hinter ihnen her und zwang die Kinder, Schritt zu halten. Sie mussten immer weitermarschieren, bekamen tagelang weder Essen noch Wasser und kamen dann »an den Rand eines schwarzen und schrecklichen Sumpfes«. Dort erhielten sie und ein kleiner Junge Mokassins, ein Zeichen, dass ihr Marsch weitergehen würde, während die anderen Gefangenen, einschließlich ihrer Eltern und Geschwister, getötet »und auf schrecklichste Weise verstümmelt« wurden. Genau wie Eunice Williams wurde auch sie adoptiert. Sie sollte die Stelle eines verstorbenen Bruders einnehmen, weshalb sie die beiden Seneca-Frauen – »liebe und gute Frauen, friedliebend und mild in ihrem Charakter« –, denen sie übergeben wurde, von da an Schwestern nannte. Das Trauma der Gefangennahme, der Ermordung ihrer Familienmitglieder und eines plötzlich neuen Lebens in einer fremden Kultur und Sprache musste beträchtlich gewesen sein, doch war es eine Frage des Überlebens, sich der Lage anzupassen, und jene Kindergefangenen überlebten und blühten in ihrem neuen Leben auf. Der Bruch muss so plötzlich und brutal gewesen sein wie eine Geburt.

Mehr als ein Jahr später nahmen die Seneca, bei denen sie lebte, sie mit nach Fort Pitt (dem späteren Pittsburgh); da sich die Weißen dort derart für sie interessierten, trieben ihre Schwestern sie »eilig zum Kanu zurück, und wir überquerten den Fluss wieder« und ruderten ohne Unterbrechung, bis wir zu Hause waren. Der

> Anblick von weißen Leuten, die Englisch konnten, [erfüllte mich] mit einem unaussprechlichen Drang, mit ihnen heimzugehen und am Segen der Zivilisation teilzuhaben. Meine überstürzte Abreise und Flucht vor ihnen schien mir wie eine zweite Gefangennahme, und für lange Zeit brütete ich über meine elende Lage mit beinahe demselben Kummer und derselben Niedergeschlagenheit, wie ich es am Anfang meines Lebens getan hatte. Die Zeit, welche alle Gemütsbewegungen tilgt, trug alle meine unangenehmen Gefühle ab, und ich wurde wieder so zufrieden wie zuvor. Wir bestellten unsere Maisfelder den Sommer hindurch ...

Sie heiratete, bekam ein Kind, verlor einen Mann und fühlte sich inzwischen bei den Seneca zu Hause.

Als ein Holländer, in der Hoffnung, sie zu ergreifen und sich ein Kopfgeld zu verdienen, begann, ihr nachzustellen, bot sich ihr erneut die Gelegenheit, in die weiße Gesellschaft zurückzukehren. Doch Jemison wollte sich nicht abermals gefangen nehmen lassen und rannte, »so schnell mich meine Beine trugen«, zu einem Versteck. Von dem Holländer inspiriert, beschloss ein alter Seneca-Häuptling, sie selbst gegen das Kopfgeld zu übergeben, und wieder versteckte sie sich mit ihrem jungen Sohn im hohen Gras. Jetzt wollte sie unbedingt dort bleiben, von wo sie sich früher einmal weggesehnt hatte. Sie heiratete erneut, hatte sechs weitere Kinder und lebte auf einem ausgedehnten Stück Land, das »durch einen

Vertrag von den Häuptlingen der Sechs Nationen mein Eigentum wurde« und wo sie den Rest ihres langen Lebens verbrachte. Dieses Leben nannte sie in ihrer aus der Feder eines schreibkundigen Geistlichen geflossenen Autobiografie »ein tragisches Gemisch, von dem ich hoffe, es werde sich nie wiederholen«. Doch damit meinte sie den Tod ihrer Kinder und die Zwietracht unter ihnen; ihre Sorgen waren zum Schluss alle persönlicher Natur, und das Land, auf dem sie lebte, wurde, da sie einen Teil davon an weiße Farmer verpachtete, selbst zum Treffpunkt zwischen den beiden Kulturen.

Für diese Gefangenen im Osten des Landes begannen sich die Grenzen zwischen den Kulturen in dem Maße zu verwischen, in dem sich die geografischen Grenzen überschnitten. Für Cynthia Ann Parker gab es keine solche Verwischungen. Im Jahre 1836, als sie neun war, gerieten sie und ihre Familie in den Prärien von Texas, wo sie sich kurz zuvor niedergelassen hatten beziehungsweise in die sie eingedrungen waren, in die Gefangenschaft der Komantschen. Ihre ganze Familie wurde niedergemetzelt. Nur sie überlebte, heiratete Peta Nocona, ein hochrangiges Mitglied der indianischen Gemeinschaft, in der sie jetzt lebte, und hatte zwei Söhne und eine Tochter. Ein Vierteljahrhundert später wurde sie erneut in ein, diesmal von Weißen begonnenes, Gefecht verstrickt und, ihr jüngstes Kind im Arm, auf dem Rücken eines Pferdes gefangen genommen. Man ließ sie in dem Glauben, ihr Mann sei bei dem Kampf ums Leben gekommen, was allerdings ein Irrtum gewesen zu sein scheint. Trotzdem sah sie weder ihren Mann noch ihre Söhne je wieder. Ein Onkel in Fort Worth erhob Anspruch auf sie und hielt sie gefangen, schloss sie nachts ein, damit sie nicht mit ihrer Tochter fliehen konnte. Während der nächsten zehn Jahre, die sie in der Kultur lebte, die zwar einmal die ihre gewesen, es nun aber nicht mehr war, lernte sie nie mehr richtig Englisch. Ein Mann, der ihr begegnet war, erinnerte sich, dass sie

> einen wilden Gesichtsausdruck hatte und die Augen niederschlug, wenn man sie ansah. Sie konnte wie ein Mann mit einer Axt umgehen, und Faulpelze waren ihr zuwider. Sie verstand es meisterhaft, behaarte Felle zu gerben und Seile oder Peitschen zu flechten oder zu knüpfen. Sie dachte, ihre beiden Jungen seien in der Prärie verschollen. Das missfiel ihr sehr.

Die Weißen waren immer der Meinung, sie hätten sie gerettet, doch sie schien sich als eingesperrt zu betrachten. Ihre Tochter starb, und zehn Jahre nach ihrer Gefangennahme erlag Parker, die sich krank gehungert hatte, der Grippe. Obwohl sie ihre Söhne nie wiedersah, erhob einer von ihnen vierzig Jahre nach ihrem Tod Anspruch auf ihre sterblichen Überreste und setzte sie in seiner Welt bei.

Es gibt auch weniger düstere Geschichten, wie die von Thomas Jefferson Mayfield, dessen Familie nach dem Tod seiner Mutter um 1840 von Texas nach Kalifornien zog. Sie ließen sich im San Joaquin Valley nieder, wo ihre indianischen Nachbarn sie mit Fisch, Wild und Eichelbrot versorgten. Als die Stiefmutter starb, ließ ihn sein Vater, der sich außerstande sah, für den Jungen zu sorgen und gleichzeitig seiner Wanderarbeit nachzugehen, mit den Choinumni-Yokuts-Indianern fortziehen. Was nach all den Gefangenschaftsberichten, in denen der Kontakt mit einer männlichen Kampfhandlung beginnt, und nach Cabeza de Vacas stürmischem Eintauchen ins Unbekannte hier verblüfft, ist, wie sanft sich Mayfields Übergang von einer Kultur in die andere vollzog. Die Yokuts waren für ihn ein Muttерersatz, auch wenn ihn keine bestimmte Frau adoptierte: Es kümmerten sich alle um ihn, und er schien zu einem ganzen Rudel von Kindern gehört zu haben. Ein volles Jahrzehnt lebte er bei ihnen, wobei er seinen Vater manchmal drei

Jahre lang nicht sah. Als der Bürgerkrieg ausbrach und die Yokuts in ihrem Lebensraum von den weißen Siedlern zunehmend eingeengt wurden, wandte er sich schließlich wieder der Kultur zu, in die er hineingeboren worden war. Seine Memoiren markieren in gewisser Weise das Ende der »captivity narratives« (obwohl es auch noch später im 19. Jahrhundert derartige Gefangene gab), da die Indianervölker jetzt in ihrem eigenen Land nicht mehr frei waren; sie wurden selbst Gefangene innerhalb der sich ausbreitenden vorherrschenden Kultur, und nur wenige wurden noch so herzlich aufgenommen wie diese Kinder. Jetzt stießen nicht mehr Individuen, sondern ganze Kulturen abrupt mit einer gegensätzlichen Welt zusammen und durchmaßen dabei jene Distanz zwischen dem Nahen und dem Fernen.

Die Lektüre dieser Geschichten verleitet einen zu dem Gedanken, die Fertigkeiten, die es zu erlernen gilt, seien die des Spurenlesens, des Jagens, des Sich-Zurechtfindens, die Fähigkeiten zum Überleben und Entfliehen. Selbst in der Alltagswelt unserer Gegenwart wird die Sorge ums Überleben offenkundig, wenn die Menschen Autos fahren und Kleidung tragen, die eigentlich für sehr viel extremere Situationen bestimmt sind, als wollten sie damit ausdrücken, dass das Leben hart sei und sie bereit wären, ihm ins Auge zu blicken. Doch die wahren Schwierigkeiten, die wahren Überlebenskünste scheinen in subtileren Bereichen verortet zu sein. Was dort verlangt wird, ist eine Art Elastizität der Psyche, eine Bereitschaft, mit dem, was als Nächstes kommt, fertig zu werden. Diese Gefangenen verdeutlichen auf eindringliche und dramatische Weise, was es in jedem Leben gibt: nämlich Übergänge, die dazu führen, dass man aufhört der zu sein, der man war. Sie sind zwar nur selten derart dramatisch, aber trotzdem hat jedes Leben etwas von dieser Reise zwischen dem Nahen und dem Fernen. Manchmal erinnert einen ein altes Foto, ein alter Freund, eine alte Freundin, ein alter Brief daran, dass man nicht mehr der ist, der man einmal war, denn der Mensch, der damals lebte, der dies mochte, jenes wählte, solcherart schrieb, existiert nicht mehr. Ohne es zu merken, hat man eine große Distanz durchmessen; das Fremde ist einem vertraut geworden und das Vertraute, wenn nicht fremd, so doch zumindest unbehaglich oder unbequem, ein Kleidungsstück, aus dem man herausgewachsen ist. Und manche reisen weiter als andere. Es gibt Menschen, die erhalten als Geburtsrecht ein ausreichendes oder zumindest nicht infrage gestelltes Ichbewusstsein, und solche, die aus Überlebens- oder Selbstverwirklichungsgründen beginnen, sich neu zu erfinden und dann weit kommen auf ihrer Reise. Manche erben Werte und Gewohnheiten, die sie wie ein Haus bewohnen; manche von uns müssen dieses Haus niederbrennen, ihren eigenen Boden finden, von Grund auf neu bauen, selbst als psychologische Metamorphose. Als kulturelle Metamorphose ist solch ein Übergang natürlich weitaus dramatischer.

Menschen, die in andere Kulturen hineingeworfen werden, erleiden ähnliche Qualen wie der Schmetterling, dessen Körper während seines Lebenszyklus mehr als einmal zerfallen und sich neu bilden muss. In ihrem Roman *Niemandsland* erzählt Pat Barker von einem Arzt, der

> nur zu gut [wusste], daß die frühen Phasen der Veränderung oder der Heilung oft wie eine Verschlechterung aussahen. Man schneide eine Schmetterlingspuppe auf, und man findet eine verwesende Raupe. Nie würde man jenes mythische Wesen vorfinden, halb Raupe, halb Schmetterling, ein passendes Symbol der menschlichen Seele – für diejenigen, die solcher Symbole bedürfen. Nein, der Prozeß der Metamorphose bestand fast ausschließlich aus Verfall.

Doch der Schmetterling ist ein derart passendes Symbol für die menschliche Seele, dass das griechische Wort für Schmetterling »psyche« ist, das Wort für »Seele«. Wir besitzen nicht sehr viele Ausdrücke, um diese Phase des Verfalls wahrzunehmen und zu würdigen, diesen Rückzug, diese Zeit des Endens, die einem Anfang vorangehen muss. Oder die Brutalität der Metamorphose, die oft so beschrieben wird, als sei sie voller Anmut, wie das Erblühen einer Blume.

Ich schreibe dies, und dann gehe ich eines Tages, als ich zwischen einem Gespräch und einem Termin eine Stunde Zeit habe, zum Conservatory of Flowers, einem in der Nähe meiner Wohnung gelegenen alten Gewächshaus, das vor Kurzem restauriert und neu eröffnet wurde. Neun Jahre war ich nicht mehr dort gewesen, seit es von einem heftigen Wintergewitter verwüstet worden war. Ich dachte, ich würde mir die glänzenden dunklen, landkartengroßen Blätter ansehen, die Kletterpflanzen und Moose und Orchideen, und diese feuchte Luft einatmen, die dampfige Pracht, die ich in Erinnerung hatte. Doch der Westflügel dieses großartigen Gewächshauses mit seinen milchigen Scheiben war zu einem Schmetterlingsgarten geworden, und in der Mitte des Raumes stand ein Brutkasten für Schmetterlinge mit einem Fenster wenige Zentimeter vor einem Holzbrett oder vielmehr schmalen Regalen, auf die, nach Arten geordnet, reihenweise zukünftige Schmetterlinge geheftet waren. Die Puppen hatten die Form der sich in ihnen befindlichen Schmetterlinge angenommen, und manche schaukelten ein wenig hin und her, als würden sie von einem Windhauch bewegt, obwohl die Puppen neben ihnen still lagen. Vier Schmetterlinge schlüpften direkt vor meinen Augen, und als ich an einem anderen Tag zurückkehrte, waren es noch einmal sieben.

Als sie herauskamen, sahen ihre zusammengepressten Flügel aus wie gefaltete Fallschirme, wie zerknitterte Briefe. Schon als sie ausschlüpften, war es kaum zu glauben, dass ihre breiten Flügel einmal in solch eine enge Hülle gepasst hatten. Beim Schlüpfen konnte man ihre Körper sehen, wie man sie danach, waren die Flügel erst einmal entfaltet und beherrschten das ganze Tier, nie mehr würde sehen können; während jener Augenblicke sahen sie aus wie Ungeziefer, wie Insekten, und nicht so, wie sie einmal aussehen sollten, wenn sie nur noch strahlend bunte Flügel sein würden, wie empfindungsfähige Verwandte der Blumen. Ihre Körper waren noch prall gefüllt mit der Flüssigkeit, die sie während der ersten Minuten nach dem Ausschlüpfen in jene Flügel pumpen mussten, damit diese zu den glatten Flächen wurden, die sie zum Fliegen brauchten. Jeder Falter hing an seiner Puppe fest, während sich die Flügel in kaum wahrnehmbaren Stufen entfalteten. Manche konnten sich nicht völlig befreien, und auch ihre Flügel entfalteten sich nicht vollständig. Ein Schmetterling, dessen einer orangefarbener Flügel zusammengefaltet in der Puppe blieb, saß einfach still da. Einer schien, halb entschlüpft, für immer festzustecken, die schwarzgelben Flügel Knospen, die nicht aufblühen wollten. Einer bewegte sich verzweifelt hin und her, versuchte, sich frei zu machen, indem er auf neben ihm liegende ungeöffnete Puppen kroch, bis diese dann auch begannen, sich wie wild hin und her zu bewegen, eine ansteckende Panik. Schließlich kam er frei, doch für das Entfalten seiner Flügel war es vielleicht schon zu spät. Der Prozess der Metamorphose besteht fast ausschließlich aus Verfall und dann aus dieser Krise, wo die Schlüpfung aus dem, was einmal war, abrupt und vollständig ablaufen muss.

Doch sind die Verwandlungen im Leben eines Schmetterlings nicht immer so dramatisch. Das eigenartige, klangvolle englische Wort »instar« bezeichnet das »Nymphenstadium« zwischen zwei aufeinanderfolgenden Häutungen, denn eine Raupe stößt, genau wie eine Schlange, genau wie der den Südwesten durchquerende

Cabeza de Vaca, ihre Haut immer wieder ab, und jedes dieser Raupenstadien ist ein »instar«. Die Raupe bleibt, während sie diese Häutungen durchläuft, zwar eine Raupe, steckt aber eben nicht mehr in derselben Haut. Es gibt Rituale, die derartige Abstoßungen markieren, Abschlussfeiern, Indoktrinationen, Zeremonien des Übergangs, obwohl die meisten Veränderungen ohne solch eine eindeutige und ermutigende Bestätigung vonstattengehen. In dem Wort »instar« schwingt sowohl etwas Astrales als auch etwas Nach-innen-Gewandtes mit, etwas Himmlisches und etwas Katastrophales, und vielleicht sind Veränderungen im Allgemeinen auch so, wie ein vergrabener Stern, der zwischen dem Nahen und dem Fernen hin- und herpendelt.

Verlassenheit und Hingabe

Das Schönste in dem verlassenen Krankenhaus war die abblätternde Farbe. Es war immer wieder neu gestrichen worden, in Pastellfarben, und diese Schichten waren während der ganzen Jahre, die es leer stand, abgeplatzt und lagen jetzt in der Form von Rauten und Schriftröllchen auf dem Boden, auf jeder Seite eine andere Farbe. Die Farbfetzen hafteten an den Wänden wie papierne Rinde und häuften sich auf der Erde wie gefallene Blätter. Ich weiß noch, wie ich einen langen, nur von dem Licht weit entfernter Türöffnungen beleuchteten Korridor entlangging. Dort hing die Farbe in riesigen Oblaten von Decke und Wänden herunter, und ich erzeugte im Vorbeigehen einen genügend starken Luftzug, dass einige hinter mir zu Boden wehten. Der Film, den wir dort drehten, war zu grobkörnig, um derartige Feinheiten zu zeigen, aber ich kann mich noch an eine Szene erinnern, wo ich solch einen Korridor hinunterkam und die Lichtstrahlen hinter mir auf beiden Seiten meines Halses so stark waren, dass mein Kopf sich zeitweise von meinem Körper abzulösen und darüber zu schweben schien. Ich war sein gespenstisches Phantom geworden.

Das war, als ich zwanzig war – die Hälfte meines Lebens ist es jetzt her – und mir ein Junge meines Alters den höflichsten, demokratischsten Antrag machte, den ich je bekommen habe: ob ich mit ihm einen Film in der Krankenhausruine nahe meiner Wohnung in San Francisco drehen wolle. Ich wollte, wir drehten den Film und verbrachten die nächsten sechs Jahre in einer erstaunlich friedlichen Atmosphäre miteinander und blieben uns auch noch einige weitere Jahre nah. Er war eines jener Wunderkinder, deren Begabungen sich nicht bei Prüfungen zeigen, fast ein Analphabet mit einem genialen mechanischen, visuellen und räumlichen Vorstellungsvermögen, der sich, wie Ingenieure, mehr für Problemlösungen interessierte als für Selbstdarstellungen und Sinnfragen. Drehbücher und Handlungslinien überforderten ihn, und so warf ich genug Ideen zusammen, dass wir das Krankenhaus mit seiner Super-8-Kamera und dem schon damals seltenen Schwarz-Weiß-Film, der ihm in die Hände gefallen war, filmen konnten. Das war Anfang der Achtzigerjahre; im Rückblick sehe ich jetzt, dass es eine Art goldenes Zeitalter der Ruinen gewesen war.

Für uns, die wir während der Blütezeit des Punk volljährig wurden, war klar, dass wir am Ende von irgendetwas lebten – am Ende der Moderne, des amerikanischen Traums, der industriellen Wirtschaft, einer bestimmten Art von Urbanismus. Die Beweise dafür sahen wir überall um uns herum, in den Ruinen der Städte. Die Bronx war, Straße für Straße, Kilometer für Kilometer, eine einzige Ruine, genau wie sogar manche Gegenden Manhattans, Sozialwohnungssiedlungen im ganzen Land waren dem Einsturz nahe, viele der Landungsbrücken, die für die Wirtschaft von San Francisco und New York eine Schlüsselrolle gespielt hatten, waren verlassen, und San Franciscos großer Southern-Pacific-Rangierbahnhof sowie die beiden am weitesten sichtbaren Brauereien ebenfalls. Leere Grundstücke, die wie Zahnlücken aussahen, verliehen den Straßen, durch die wir strichen, ein rohes Grinsen. Überall waren Ruinen, denn die Städte waren von den Reichen, von der Politik, von einer Vision für die Zukunft verlassen worden. Stadtruinen waren die emblematischen Orte dieser Epoche, die Orte, die einen Teil der Punk-Ästhetik prägten, und wie die meisten Ästhetiken enthielt auch die Punk-Ästhetik eine Ethik, eine Weltanschauung, die vorschrieb, wie man zu handeln, wie man zu leben hatte.

Was ist eine Ruine letztendlich? Ein menschliches, der Natur überlassenes Bauwerk, weshalb auch einer der Reize, die städtische Ruinen ausüben, genau dieser Reiz der Wildnis ist: Sie sind ein Ort voller Verheißungen des Unbekannten mit all seinen Offenbarungen und Gefahren. Die Menschen (will sagen Männer, und nur in geringerem Maße Frauen) bauen die Städte zwar, doch die Natur lässt sie verfallen, durch Erdbeben und Wirbelstürme bis hin zu den schleichenden Prozessen der Verwesung, der Erosion, des Rostens, des mikrobiellen Abbaus von Beton, Stein, Holz und Ziegelstein und der Rückkehr von Pflanzen und Tieren, die ihre eigene komplexe Ordnung entwickeln, wodurch sich die einfache menschliche Ordnung weiter auflöst. Diese Natur darf sich dann breitmachen, wenn die Instandhaltung, aus wirtschaftlichen oder politischen Gründen, aufgegeben wird. Ruinen entstehen auch durch Vandalismus, Brandstiftung und Krieg, das heißt, wenn Menschen verwildern. In Europa und im Süden der USA wurden Städte in Kriegen bewusst zu Ruinen gemacht, doch der Norden und Westen dieses Landes sind einzig und allein aus anderen Gründen zu Ruinen verfallen. Ruinen waren die Orte, an denen ein Großteil der zeitgenössischen Kunst symbolisch zu Hause war: ein wenig Fotografie und Malerei, eine Menge Musik, die damaligen Science-Fiction-Filme, und selbst Rockvideos benutzten sie als Kulisse, genauso wie Modefotografien von Kleidung, die uralt und abgetragen aussah, Militär- und Gothklamotten. Es waren Landschaften der Verlassenheit und Hingabe: Zuerst kam die Verlassenheit der Vernachlässigung und Gewalt, dann hielt die Hingabe der Leidenschaft in den Ruinen Einzug.

Eine Stadt ist so gebaut, dass sie dem menschlichen Bewusstsein ähnelt, ein Netzwerk, das planen, verwalten, produzieren kann. Ruinen werden das Unbewusste einer Stadt, ihre Erinnerung, ihr Unbekanntes, ihr Dunkel, ihr verlorenes Land, und lassen sie dadurch erst richtig lebendig werden. Mit Ruinen befreit sich eine Stadt von ihren Plänen und wird so komplex wie das Leben selbst, kann erforscht, aber vielleicht nicht kartiert werden. Es ist die gleiche Verwandlung, von der Märchen erzählen, wenn Statuen und Spielsachen und Tiere zu Menschen werden, obwohl diese zum Leben erwachen und eine Stadt von Ruinen zu Tode kommt, aber zu einem fruchtbaren Tod, wie eine Leiche, die Blumen mit Nährstoffen versorgt. Eine städtische Ruine ist ein Ort, der aus dem wirtschaftlichen Leben der Stadt herausgefallen ist, weshalb sie in gewisser Weise eine ideale Heimat für die Kunst ist, die ja auch aus den normalen Produktions- und Konsummustern der Stadt herausfällt.

Der Punkrock war mit der Wucht einer Offenbarung in mein Leben geplatzt, obwohl ich diese Offenbarung heute allenfalls noch als ein Tempo und eine aufständische Intensität bezeichnen würde, die dem damaligen explosiven Druck in meiner Seele entsprach. Ich war fünfzehn, und wenn ich heute auf mich zurückblicke, dann sehe ich Flammen aufschießen, sehe ich mich vom Rand der Welt fallen und bin überrascht, nicht dass ich die äußere, sondern dass ich die innere Welt überlebt habe. Davor und danach waren es ländliche und wilde Landschaften, die bei mir den stärksten Widerhall fanden, doch während des Jahrzehnts, das für mich mit der Entdeckung des Punk begann, da waren es Städte. Das Soziale habe ich oft als den Käse zwischen den Brotscheiben des Physischen und des Spirituellen bezeichnet, doch ist dies nur die reduktionistischste Form des Sozialen, die die menschlichen Möglichkeiten in sehr engen und vorhersehbaren Kategorien definiert. Der Punk mit seinem Slamdancing und Sturzbesoffensein und Stagediving, mit seinem Herumstehen vor Lautsprechern, die einem die Knochen vibrieren ließen, mit seiner politischen Empörung und dem Impuls, Extremzustände zu erzeugen und auszudrücken, war eine kollektive Revolte gegen diese Form des Sozialen. Genau wie Ruinen kann auch das Soziale eine Wildnis werden, in der sogar die Seele wild wird und etwas außerhalb ihrer selbst, außerhalb ihrer Vorstellungskraft sucht. Und es gibt eine bestimmte Art von Wildheit, die mit dem Erotischen zu tun hat, mit dem Berauschenden, dem Transgressiven, und die in Städten leichter zu finden ist als in der Wildnis. Es gibt sie während einer bestimmten Zeit: während der Jugend und während der Nacht.

Dabei muss ich an Demeter und Persephone denken. Vielleicht war Persephone froh darüber, mit dem König des Todes in sein unterirdisches Reich zu verschwinden, vielleicht war das die einzige Art und Weise, sich von ihrer Mutter loszumachen, vielleicht war Demeter eine genauso schlechte Mutter, wie Lear ein schlechter Vater war, und verleugnete die natürlichen menschlichen Impulse, nicht zuletzt den Impuls von Kindern, ihre Eltern zu verlassen. Vielleicht hielt Persephone Hades für den unendlich coolen älteren Mann, der das Wissen besaß, das sie suchte, vielleicht liebte sie die Dunkelheit, die sechs Wintermonate, den sauren Geschmack der Granatäpfel, die Freiheit von der Mutter, vielleicht wusste sie, dass, wollte man wirklich lebendig sein, der Tod mit dazugehörte, ebenso wie der Winter. Erst als Königin der Hölle wurde sie erwachsen und mächtig. Das Reich des Hades wird die Unterwelt genannt, genau wie die außerhalb des Gesetzes liegenden Stadtwelten. Und genau wie in den Schöpfungsmythen der Hopi, in denen die Menschen und die anderen Wesen der Unterwelt entstammen, entsteht auch in unserer Zivilisation die Kultur aus dem Untergrund.

Manchmal sehe ich in idyllischen Kleinstädten Teenager, die dort in ihrer Kluft der Verzweiflung, den übrig gebliebenen fleckigverblichenen, zerrissenen Fetzen der Mode meiner Jugend, fehl am Platze wirken. Während dieser Lebensphase ist die Unterwelt ihr wahres Zuhause, und in der rauen Schattenwelt einer Stadt können sie etwas finden, was dem nahekommt. Bei Jugendlichen verstellt sich sogar die innere Uhr, sodass sie zumindest ein paar Jahre lang Nachtwesen werden. Während der ganzen Kindheit bewegt man sich in Richtung Leben, und dann, während der Jugend, dem Höhepunkt des Lebens, beginnt man, sich in Richtung Tod zu bewegen. Dieses Verhängnis wird als eine Erweiterung von Möglichkeiten begrüßt und angenommen, denn in unserer Kultur empfindet die Jugend den Eintritt ins Erwachsenenalter als Eintritt in ein Gefängnis, und der Tod vermittelt ihnen das beruhigende Gefühl, dass es Auswege gibt. »... ich hab manches Mal / mich halbwegs in den leichten Tod verguckt«, schrieb Keats, der mit sechsundzwanzig starb, und wir haben es auch getan, obwohl der Tod, in den wir uns verguckten, damals nur eine abstrakte Vorstellung war.

Unserem Film, der in dem verlassenen Krankenhaus spielte, gab ich seinerzeit den Titel *A Cure for Living*. Kurz bevor wir zu drehen begannen, träumte mir, ich sei eine Frau in einer langen Reihe von Frauen auf niedrigen Betten, in einem riesigen, kargen Raum mit einer hohen Decke, der eher einem Bahnhofssaal ähnelte als einem Schlafzimmer. Es war ein Militärbordell. Ich glaube, einer der Auslöser dafür war die Band Joy Division gewesen, die als erste – in einem Stil, der später »Industrial« genannt wurde – eine Art von melancholischem Klagegesang spielte, allerdings nur einige wenige Alben herausbrachte, bevor sich ihr Texter und Sänger Ian Curtis erhängte. In den Konzentrationslagern des Dritten Reichs war eine »joy division« (Freudenabteilung) ein Wehrmachtsbordell, in dem Zwangsprostituierte gehalten wurden. Explizit kam es zu einer solchen Sexarbeit in meinem Traum nie. Das Einzige, was passierte, war, dass, während ich mich in jener langen Reihe befand, ein Mann zu mir trat und mir eine kleine Aufmerksamkeit überreichte. Dank dieses freiwilligen Geschenks begriff ich, dass ich fliehen durfte, als wäre eine einfache Gleichung gebildet worden, nämlich dass ich mich kraft dieses Gegenstandes, den ich jetzt besaß, von allen anderen unterschied, dass jetzt, wo eine Wahl getroffen worden war, auch in anderen Bereichen eine Wahl getroffen werden konnte. In jenem Traum hatte ich mich auf den Weg gemacht, und der Film sollte meine Flucht weiterspinnen.

Wir haben diese Bordellszene dann nie gefilmt, doch das Geschenk, das haben wir uns zusammengebastelt, ein Stoffband, auf das er etwas schrieb und ich ein absurdes Sprichwort aus einem Roman stickte, den meine Tante mir ein paar Jahre zuvor zum Geburtstag geschenkt hatte, Vladimir Nabokovs *Fahles Feuer*. Das Sprichwort lautete: »Der verlorene Handschuh ist glücklich.« Vielleicht war der ganze Film ein Geschenk des Filmemachers an mich, eine Ermutigung, meine eigene Flucht zu schreiben, ein Band, so lang wie der Faden, mit dessen Hilfe Theseus aus dem Labyrinth in Kreta herausfand. Das Krankenhaus mit seinen fünf Geschossen voller Korridore und Zimmer nahm einen ganzen Stadtblock ein. Es war von einem jener Eisenzäune umgeben, die wie eine lange Reihe von miteinander verbundenen Speeren aussahen, über die wir hinüberklettern mussten, ehe wir durch eins der Kellerfenster steigen konnten, die von Hausbesetzern und Neugierigen, deren Spuren wir gelegentlich fanden, eingeschlagen worden waren. Die komplexe Weiträumigkeit des Krankenhauses erinnerte mich an all die Geschichten von Borges über Labyrinthe und endlose Bibliotheken, und der Handlung des Films lag die Prämisse zugrunde, dass man das Krankenhaus für unendlich hielt, für eine Innenwelt ohne Außenwelt. Es war eine Metapher für ein existenzielles Leiden und ein Vorwand für unsere Heldin – ich in einem alten weißen Nachthemd –, in unserem Film ständig durch die verfallenen Korridore mit ihrem staubigen Licht zu streifen. Dies war die Epoche der filmischen Verfolgungsjagden durch die Ruinen und das Elend der Städte: *Der Vollstrecker*, *Terminator* und *Blade Runner* kamen alle etwa zu der Zeit heraus.

Eines der von uns gefilmten Hauptereignisse meiner Flucht war eine Entführung durch einen geisteskranken Arzt. Der Arzt glaubte, die Seele sei fest im menschlichen Körper verankert, und führte auf der Suche nach ihr immer neue tödliche Operationen durch. Ich schrieb einen langen Monolog für ihn, eine Tirade, die auf Band aufgenommen und mit der der Stummfilm leicht unterlegt werden konnte, denn der Arzt trug ja einen Mundschutz. Die Figur war zum Teil Djuna Barnes' Roman *Nachtgewächs* entliehen, einem weiteren Geschenk derselben Tante, und obwohl *Nachtgewächs* nie zur Jugendliteratur gehörte, hätte es dank seiner Beschreibung von erotischen Seelenqualen und Extremzuständen dort durchaus seinen Platz. Ich dachte dabei an den geschwätzigen transvestitischen Arzt und Mansardenbewohner Dr. Matthew O'Connor, der sich, als Antwort auf eine Protagonistin mit gebrochenem Herzen, ein ganzes Kapitel lang mit Sätzen, die sogar noch perlenbesetzter sind als der Rest des Romans, über die Liebe und die Nacht auslässt.

In den darauffolgenden Jahren sollten der Filmemacher und ich dann unseren Fähigkeiten entsprechende Betätigungsfelder finden, doch letztendlich war der Film nur ein Vorwand für uns gewesen, uns in jenen wunderbar verfallenen Räumen aufzuhalten. Es gab dort ein Leichenschauhaus mit verrosteten Schubladen von der Größe menschlicher Körper, einen Operationssaal mit einem gekachelten Laufsteg für einen Blick von oben, Rampen für fahrbare Krankentragen, Stapel alter Krankenblätter mit Geschichten über die Krankheiten und Behandlungen lange verstorbener Menschen und seltsame rostige Apparate, doch vor allem gab es dort dieses durch staubiges Glas gefilterte Licht, das schräg in die verlassenen Räume und Gänge fiel. Wir setzten in dem Film mehrere Freunde und Freundinnen ein, von denen die meisten genauso amateurhaft waren wie wir. Nur eine von uns war bereits eine Künstlerin: Marine. Sie trat in einer Szene auf, in der sie, auf einem mit Notenblättern übersäten eisernen Bettgestell hockend, Cello spielte, und dann zog sie unter den Noten den Plan hervor, der mich aus dem unendlichen Krankenhaus, das ich erfunden hatte, herausführen würde, einen Plan, den der Filmemacher gezeichnet hatte.

Als ich Marine das letzte Mal sah, an einem Sommerabend, an dem wir durch Nachtklubs zogen und so viele Pläne schmiedeten, unterhielten wir uns über unsere erste Begegnung. Sie lag damals etwas mehr als sieben Jahre zurück, als sie fast siebzehn und ich noch nicht ganz einundzwanzig war, ein paar Monate vor jenem Film. Zum ersten Mal sah ich sie, als sie auf die Vorortgarage zuging, in der ihre Band an jenem Frühlingsnachmittag üben wollte, in ihrer grauen Lederjacke, in einer Hand den großen Bass, und aus der Ferne älter und sicherer wirkend, als sie es je war. Sie und ihre jeweiligen Bässe schienen von den Proportionen her nie zueinander zu passen, aber dass sie etwas so Imposantes unter Kontrolle hatte, betrachtete ich als genauso große Leistung wie, sagen wir, die Nummern junger Akrobatinnen auf dem breiten Rücken ihrer Zirkuspferde. Sie hatte Finger wie Geburtstagskerzen und war stolz auf ihre Schwielen und darauf, dass sie so lange spielte, bis sie bluteten. Sie war vom Cello zum Elektrobass gewechselt, das heißt, überdimensionale Instrumente waren für sie nichts Neues. Bei einem unserer ersten Treffen nach jenem Tag in der Garage erzählte sie mir, sie habe früher öfter geträumt, ihr Cello sei ein Boot, mit dem sie von ihrer Familie fortruderte. Mir war damals nicht klar, wie sehr das Cello weiterhin ein Teil ihres Lebens war, dass ihre Geige spielende Mutter sie beschwatzte, in den Gottesdiensten zu spielen, in denen sie selbst jeden Sonntag spielte, obwohl ich einmal mitging, um Marine, ihre Mutter und ihren hochmütigen, mit Kokain dealenden Freund während einer Mitternachtsmesse spielen zu hören, in der katholischen Kirche, in der ich, voller Sehnsucht nach Ritualen und einem Zugehörigkeitsgefühl, als Kind oft zu finden war.

Für mich ist Marine durch drei Dinge definiert: durch ihre Schönheit, ihr Talent und ihre Launenhaftigkeit – ein natürliches ausweichendes Verhalten, das diejenigen quälte, die sie besitzen wollten, und für mich bedeutete, ständig überrascht zu werden und sie nicht im Auge behalten zu können. Marine war ein empfindsamer Wildfang, temperamentvoll und blass, mit der zarten, perfekten Haut eines Kindes und wilden dunklen Augen, die eher lang und schmal als groß waren. Ich kann mich noch an ihren verstohlenen Blick erinnern, den Blick eines in die Enge getriebenen Tieres, und wie elegant sie an jenem letzten Abend war. Die meisten wollten sie einfangen, wie etwas Wildes, und sich um sie kümmern, wie um ein Kind. Über Schönheit wird oft gesprochen, als würde sie nur Lust oder Bewunderung erregen, doch die schönsten Menschen sind auf eine Art und Weise schön, die sie wie die Vorsehung oder das Schicksal oder der Sinn des Lebens selbst aussehen lässt, wie die Helden und Heldinnen einer außergewöhnlichen Geschichte. Für sie ist das Begehren zum Teil der Wunsch nach einem heldenhaften Schicksal, wobei Schönheit wie eine Tür erscheinen kann, eine Tür zum Sinn als auch zur Sinnenfreude. Und doch sind dies, abgesehen von ihrer Wirkung auf andere, oft keine besonderen Menschen. Außergewöhnliche Schönheit, außergewöhnlicher Charme gehören zu den Geschenken, die einem die böse Fee bei der Taufe macht. Wer sie besitzt, hat beträchtliche Macht über andere, weshalb man unter Umständen so sehr damit beschäftigt ist, eine Art Sirene auf den Felsen zu sein, an denen andere Schiffbruch erleiden, dass man völlig vergisst, sich darüber klar zu werden, wohin man eigentlich selbst gerade steuert. Marine hatte diese Eigenschaft, in einer Geschichte zu leben, in der man vielleicht auch leben wollte, doch sie besaß sowohl Talent, Fleiß und Mut als eben auch Schönheit.

Während der ersten Jahre, die wir uns kannten, waren wir eng befreundet und verkehrten in denselben Kreisen, und nachdem sie bei dem Speed-Dealer um die Ecke ausgezogen war, wohnte sie ein paar Monate bei mir. Dann begann sie, in die Ferne zu schweifen, und mich verschluckten andere Sphären. Da ich während der ganzen Zeit nicht umzog, war sie es immer, die mich anrief, um mir ihre neue Telefonnummer zu geben oder mir mitzuteilen, dass sie, war wieder einmal eine Beziehung zu Bruch gegangen oder ein Job ins Wasser gefallen, zu ihrer Mutter und Großmutter gezogen sei. Doch das letzte Mal klopfte ich einfach so, aus einer Laune heraus, bei ihrer Familie an die Tür: Marine war gerade aus L. A. zurückgekehrt, wo sie einen Schallplattenvertrag unterschrieben hatte, und wir machten dort weiter, wo wir aufgehört hatten. Das war Anfang Mai. Während der darauffolgenden Wochen sprachen wir regelmäßig miteinander. Im Juni beschloss Marine, sie wolle an einem Samstagabend mit mir zusammen ausgehen, und so trafen wir uns, bewunderten uns gegenseitig, ließen die Vergangenheit wiederaufleben und schmiedeten Zukunftspläne.

Marine besaß für mich den Glanz einer turbulenten Welt, zu der ich nie richtig dazugehörte, eines Talents, das mir vollkommen fremd war. Das Schreiben ist die körperloseste Kunst überhaupt, und das Lesen und Schreiben sind im Großen und Ganzen private, einsame Erfahrungen, weshalb mich die Musik und der Tanz immer verzaubert haben, weil es Künste sind, bei denen der Körper des Darstellers direkt mit dem Publikum kommuniziert, was eine enge Verbundenheit entstehen lässt, die Schriftsteller nur selten erleben. Manche Musik hat Text, und Rockmusik hatte Texte, die gelegentlich den Ehrgeiz hatten, Dichtung zu sein, doch waren diese Texte immer zuerst Klänge, sprachen erst den Körper und dann den Verstand an. Marine wollte zu sehr Musikerin sein, um eine richtige Drei-Akkord-Punkrockerin abzugeben, weshalb sie sich eher zu den kunstvolleren und weniger ideologischen Ebenen des eigentlichen Rock 'n' Roll hingezogen fühlte. Sie wusste überraschend viel über obskure kulturelle Dinge, und nicht nur über die klassische Musik, die Teil ihres Familienlebens gewesen war, seit ihr Urgroßvater mit großen Komponisten verkehrt hatte. So konnte sie urplötzlich von jemandem sagen, er habe einen Bart wie de Sade, konnte einen ausgefallenen Begriff verwenden, sarkastische Bemerkungen über das Barock oder die Versuchung des Hl. Antonius machen. Ich weiß noch, welche Freude ihr der reich bebilderte Audubon-Insektenführer machte, den sie sich angeschafft hatte, als sie in Santa Monica wohnte, wie fasziniert sie von den exotischen Arten war, die an diesem subtropischen Schnittpunkt, diesem globalen Knotenpunkt herumkrochen.

Statt sie über drei Eigenschaften zu definieren, könnte ich sie vielleicht auch über drei Orte definieren: die Vororte, die uns prägten, die wir verachteten und aus denen wir flohen, die nächtlichen Städte, die sie sich zu einer Art Zuhause machte, und die pastorale Welt einer lyrischen europäischen Kultur und vielleicht auch der Hügel jenseits der Gärten unserer Kindheit. Ihren Vater, einen Musiker, mit dem ihre Mutter während des Studiums an einem europäischen Konservatorium ein Verhältnis hatte, hat sie nie kennengelernt, und benannt wurde sie nach der Geliebten eines Komponisten. Ihre Mutter war noch sehr jung, als Marine geboren wurde, und den Großteil von Marines Leben verbrachten die beiden bei ihrer Großmutter. So wuchs sie mit einer Mutter auf, die noch nicht richtig zu Hause ausgezogen war, und mit Großeltern, deren eigenes Musikerleben sich in Zurückgezogenheit und Gereiztheit aufgelöst hatte, mit drei Menschen also, die nicht zu arbeiten schienen und nicht genau wussten, was sie mit einem Kind anfangen sollten. Wenn ich bei ihnen war, dann war die Wohnung normalerweise erfüllt vom Geschrei ihrer Großmutter – »dem Fischweib«, wie Marine sie immer nannte, und »der Haushaltsfurien, die ihren Verdi-Chor singen«. Es war ein erbarmungsloses Geschrei, eine einzige Litanei über Gefahren und Verrätereien, von bissigen Ermahnungen, pünktlich zu Hause zu sein und warme Kleidung anzuziehen, ein endloses Gejaule über die Barbarei der Jugend allgemein und die Boshaftigkeit speziell dieser Jugendlichen, ein pausenloses Gegröle, ein einziger zorniger Satz, der mindestens ein Jahrzehnt angedauert haben muss. Machte Marine Anstalten, aus dem Haus zu gehen, wurde das Geschrei lauter, unterbrach Telefongespräche, folgte uns die Treppe hinab bis durch die Haustür hindurch. Seinen Ursprung hatte es wahrscheinlich in einem Beschützertrieb, doch war es schon lange bitter geworden.

Jedes Mal, wenn ich von Marine hörte, hatten sich ihre Lebensumstände geändert: Sie lebte mit jemand anderem, war in eine neue Band ein- oder aus einer alten ausgetreten, hatte Arbeit, war arbeitslos, stand kurz vor dem Ruhm, erholte sich von einer Katastrophe, und etwa ab ihrem zwanzigsten Geburtstag hatte sie dann meistens keine männlichen Liebhaber mehr, sondern weibliche, obwohl auch da nichts sicher zu sein schien. Ich weiß nicht, ob Stabilität und Sicherheit sie langweilten, ob ihr häufiges Eintauchen ins Chaos Teil der Leichtsinnigkeit eines unbekümmerten Selbstzerstörungswillens war oder ob die Gefahren einfach nur Accessoires der vielen Verlockungen waren – der Drogen, der Abenteuer, des Musikmachens, des regen Soziallebens in der drogengesättigten musikalischen Unterwelt. Sie hatte die Lässigkeit und den Stil, die Jugendlichen so viel bedeuten, Jugendlichen, die sich vordringlich eine Rolle konstruieren, in der sie der Welt begegnen können – eine Leistung, die im absoluten Gegensatz zu der Offenheit steht, die einem selbst und anderen klarmachen könnte, was man will und braucht. Die Gefühlsströmungen, die uns damals hin- und herwarfen, waren noch nicht sichtbar, hatten noch keine Namen.

Als Teenagerin machte sie spektakuläre Dinge mit Lidschatten, mit Azurblau und Rosa und Gold und anderen aufregenden Farben, die ihre Augen in byzantinische Mosaike verwandelten; später trug sie immer weniger Augen-Make-up, und an jenem letzten Abend dann gar keins – sie meinte, es lasse sie alt aussehen. Sie war vierundzwanzig. Ihre braunen Haare hatte sie schwarz gefärbt, und mit ihrer fahlen Olivenhaut und ihren zarten Knochen schien sie sich fast in ein Foto von sich selbst aufzulösen, ein perfektes flüchtiges Bild. Eine Geste jener Nacht: wie sie ihr Kinn anhob und sich, mit geschlossenen Augen, lustlos und befangen die Haarsträhnen aus der Stirn strich. Wir trugen beide schwarze Jeans und schwarze T-Shirts und Stiefel und Lederjacken. Als wir zu mir hochgingen, um uns ihr Demoband anzuhören und das schwere Manuskript meines ersten Buches in den Händen zu wiegen, putzten wir uns vor meinem Spiegel heraus, und wir tanzten zusammen, dort und in den Klubs. Ihr Begleiter, ein älterer Musiker aus ihrer damaligen Band, sah uns nachsichtig zu. Der Abend endete in einer Bikerbar, wo sie den großen Macker dieser Bar zu sich auf den Schoß lockte, während wir unsere letzte Runde tranken.

Sie sah strahlend aus, und ich glaubte ihr, als sie sagte, sie sei von den Drogen runter. Wir waren an einem Samstag zusammen weg gewesen, und am darauffolgenden Donnerstag hatte sie mit einer Frau eine Verabredung; sie wollte, dass ihr Begleiter und ich mitkamen. Sie beharrte auf diesem Treffen nachdrücklicher als sonst und rief mich am Dienstag an, teils, um zu erfahren, ob sie ihre Bluse und ihren Pullover in meinem Wagen gelassen hatte, teils, um mir noch einmal zu sagen, dass sie mich Donnerstagmorgen um zehn anrufen würde, um die Einzelheiten unserer Verabredung zu besprechen. Solch eine Klarheit, solch eine Verbindlichkeit war bei ihr selten, weshalb ich, als sie sich nicht meldete, bei ihrer Band anrief, in dem Haus, wo sie während der letzten Wochen gewohnt hatte. Marine sei Dienstagnacht gestorben, meinte der ältere Musiker, völlig gebrochen. »Die kleine Marine«, sagte er, »ich kann's nicht glauben.«

Hundert Abenteuer mit Marine: der Nachmittag meines einundzwanzigsten Geburtstags, als ich mit ihr und dem Filmemacher an der nordwestlichen Spitze von San Francisco durch die Ruinen der riesigen Sutro-Bäder streune, wo die Wellen mit solcher Wucht gegen das Ufer krachen, dass die Gischt über zehn Meter hoch spritzt; als wir an einem nahe gelegenen Hügel im Grün des frühen Frühlings spazieren gehen und stehen bleiben, um Steine in den Swimmingpool eines weltberühmten alten Rockstars zu werfen, der aus den üblichen Gründen junge Mädchen mit harten Drogen versorgt; als wir während einer Hitzewelle in einem eiskalten Waldbach umherwaten, bis unsere Füße blau sind, nachdem wir ihren Drachen steigen lassen wollten, aber nirgends Wind fanden; Marine, ungefähr neunzehn, blasiert und ungeduldig in einem Krankenhauskittel, nachdem eine Speed-Orgie zu akutem Flüssigkeitsmangel und einem Zusammenbruch geführt hatte; als sie sich zu Hause, den Kopf auf die Seite gelegt, ihre Babybilder ansieht und erklärt, sie sehe darauf haargenau wie Mussolini aus; als wir ihr die dornigen Rosen aus dem Garten des Vaters des Filmemachers auf die Bühne werfen, Rosen, die die Bandsängerin als Huldigung für sich auffasst; als Marine und ich über die Mauer des in der Straße ihrer elterlichen Wohnung gelegenen katholischen Friedhofs klettern, während sämtliche Hunde der benachbarten Blindenschule bellen; als ich sechs Monate vor ihrem Tod nach Hause komme und eine Nachricht auf dem Anrufbeantworter vorfinde, wo sie in einem Ton unbeschwerter Verwunderung sagt: »Ich liebe dich – hier ist Marine!«

Als ich am nächsten Tag bei dem Haus ihrer Band anrief, um mich wegen der Beerdigung zu erkundigen, sagte ich: »Aber sie schien so froh zu sein, sie schien endlich die Kurve gekriegt zu haben«, und der Musiker antwortete: »Für sich selbst war Marine nie froh. Für dich war sie froh.« Er erzählte mir, dass sie nach unserem gemeinsamen Abend nach Hause gegangen sei, um auf ihre Großmutter aufzupassen, während ihre Mutter weg war, und am Dienstagabend sei sie dann von dort zu einer Party gegangen. Und auf dieser Party habe sie etwas genommen, woran sie starb. Es sei nicht überraschend gewesen, aber trotzdem irgendwie unwirklich. Ich hielt das Ganze immer wieder für ein bizarres Missverständnis oder eine erfundene Geschichte, bis ich ihre Mutter anrief, die mir erzählte, wie wunderbar hergerichtet Marines Leichnam sei, und mich drängte, sie mir in der Leichenkapelle anzusehen. Und das, wo ihre Zigaretten noch in meinem Aschenbecher waren, ihre Haare noch in meiner Bürste steckten, ihre Kleider noch in meinem Wagen lagen, ihre Stimme noch in meinen Ohren klang, so kurz nachdem wir uns zusammen in meinem Spiegel betrachtet hatten, sie die Grazilere, die geschmeidig Schönere von uns beiden. An dem Samstag verließ ich völlig unvermittelt ein Symposium und fuhr zu der Kapelle.

Ich war noch nie in so einem Gebäude gewesen. Ein georgianischer Portikus, ein langer Gang mit beidseitigen Türen, eine Familie mit Kindern, die sich dort für eine Beerdigung versammelt hatte und mir zweifelnde Blicke zuwarf. Der Gang verwirrte mich, bis ich sah, dass vor jeder Tür ein Pult mit einem Gästebuch stand. Auf dem Buch am letzten Pult stand Marines Name, und da die mit einem Vorhang versehene Glastür halb offen war, trat ich ein. Der dämmrige Raum war einer Kapelle nachempfunden. Es herrschte ein eigenartiges Schweigen, es gab riesige Kerzen und ein Buntglasfenster, durch das dumpfes, schwaches Licht hereindrang, darunter ein gewaltiger verzierter elfenbeinfarbener Sarg, der wie ein Stück Gebäck aussah und auf einer Totenbahre stand wie auf einem Altar, und in ihm ein kleiner Vampirjunge. Von der Tür aus sah sie, im Profil, ruhig aus, eine Schlafende. Aus der Nähe kam sie mir in diesem Licht nur halb bekannt vor, und mir wurde klar, wie sehr ihre ständigen zuckenden Bewegungen zu dem Eindruck, den sie vermittelte, dazugehört hatten. Der Sarg war mit weißem Satin ausgelegt, weich wie ein Bett, und dann hörte ich mich flüstern: »Marine, Marine, Marine, wach auf.«

Im Laufe der nächsten Jahre rief mich ihre Mutter ab und zu an, und während eines Gesprächs erzählte sie mir, dass die Nacht, in der Marine gestorben war, ihre Hochzeitsnacht gewesen sei. Der Mann, den sie geheiratet hatte, war jung und betucht und vom Alter her genau zwischen den beiden; Marine hatte mir zwar erzählt, wie sehr sie ihn hasse, die Heirat jedoch nie erwähnt. Ihre Mutter war am Morgen nach der Hochzeit nach Hause gekommen, wo sie eine festliche Flasche Sekt, die Marine ihr gekauft hatte, erwartete und ihre Mutter, die zu ihr sagte: »Du musst jetzt stark sein, du musst jetzt sehr stark sein.« Mit dieser Enthüllung ordneten sich die Fakten wieder neu: Jetzt schien es, als sei Marine diesmal, aufgrund ihres bitteren Ärgers über eine Ehe, die ihr vielleicht ihr Zuhause wegnehmen würde, nicht leichtsinnig gewesen, weil sie fliehen wollte, sondern weil ihr die Rückkehr verbaut war. Ich faltete die violette Bluse und den violetten Pullover, die sie in meinem Wagen liegen gelassen hatte, und legte sie in die Truhe am Fuß meines Bettes. Dort liegen sie noch immer. In der Blusentasche fand ich das zusammengeknüllte Einwickelpapier eines Tootsie-Lutschers.

Die Erinnerung an jene Zeit drängte sich mir vor ein paar Jahren wieder auf, als ich eine New Yorker Galerie betrat, die voller Fotografien von Peter Hujar war, der 1987 an Aids gestorben war. Ich hatte mir vor diesem bedeutsamen Augenblick in mehreren Galerien durch und durch zeitgenössische Kunst angesehen, schicke, polierte, clevere Kunst, Kunst über Designfragen, Mode, Entfremdung, Kunst, die irgendwie von der glatten Oberfläche der neuen Stadt handelte, die die Stadtlandschaft abgelöst hatte, welche mich in Hujars Arbeiten so sehr bewegte. Schon die Oberflächenstruktur war eine andere. Auf Hujars satten Schwarz-Weiß-Bildern von Tieren, Ausgestoßenen, Exzentrikern und Ruinen war die Welt in jeder Hinsicht rau. Ihre Oberflächen waren porös, verschlissen, sinnlich, geprägt vom Alter und von einer Art Absorptionsfähigkeit: der Fähigkeit, Licht zu absorbieren, Bedeutungen, Gefühle. In dieser Stadt gab es genau die Art von Geheimnissen und Gefahren, die die städtische Erneuerung zu beseitigen verspricht. Nicht weit von der Galerie befand sich Chelsea Piers, heute »eine Familienanlage«, ein luxuriöser Sport- und Fitnesskomplex, teuer und sicher, wo alles reguliert ist und sich vorhersehen lässt, voller gesunder Menschen, die dort Aktivitäten wie Golf und Klettern simulieren, die in Wirklichkeit nur anderswo stattfinden. Dieser Komplex ist auf profunde Art synthetisch, eine Synthese verschiedener Ziele und eine Simulation verschiedener Orte, obwohl auch er wieder zur Ruine werden kann.

Die Chelsea-Piers-Webseite vermeidet jeden Hinweis auf die Geschichte zwischen 1976 und 1992, als die gegenwärtige Phase begann. »Doch die Chelsea Piers rosteten einfach im Hafen vor sich hin, bis das Schicksal sie ins Leben zurückrief« – mehr steht dort nicht, obwohl sie keineswegs einfach nur vor sich hin rosteten. Während jener Jahre schlugen alle Arten von sexuellen Außenseitern und Parias ihren Wohnsitz in dieser temporären autonomen Zone auf, Sadomasochisten in Leder und Transvestiten in Netzstrumpfhosen, Obdachlose und Junkies. Chelsea Piers war die Gegend, die Peter Hujar fotografierte und die sein Protegé David Wojnarowicz (der 1992 an Aids starb) auf der Suche nach Sex durchstreifte und folgendermaßen beschrieb:

> Die Papiere alter Schifffahrtslinien lagen wie Bombensplitter verteilt zwischen kaputten Möbelstücken; dreibeinige Tische, eine mintgrüne Couch lag auf dem Rücken, und kleine Rechtecke aus Licht und Wind und Fluss an der hinteren Wand. Ich lehne mich an ihn, drücke ihn gegen die Wand, schiebe meine blassen Hände unter seinen Sweater ... In der Lagerhalle, kurz vor Einbruch der Dunkelheit, ging an den Fluren vorbei und fotografierte die unterschiedlichen Graffitis an den Wänden, einige von Hermaphroditen und andere von zigarettenrauchenden, geleckten Gaunern ...

Irgendetwas an Wojnarowicz' emotionaler, erotischer, ästhetischer und ethischer Intensität scheint mir mit dieser Art von Gegend untrennbar verbunden zu sein, denn wenn er – ein Schwuler, ein Punk, ein Desperado, ein Aktivist – zu seiner Zeit zum Inbegriff des Künstlers geworden war, dann deshalb, weil solche Gegenden die damalige Zeit charakterisierten, düstere Ruinengegenden, die aber trotzdem noch durchdrungen waren von einem romantischen, gesetzlosen Gefühl des Möglichen, von Freiheit, selbst von der Freiheit, idealistisch zu sein, vielleicht idealistisch im Sinne des verbitterten »No Future« der Sex Pistols, aber trotzdem idealistisch.

»A nuclear error but I have no fear«, sangen The Clash, »cause London is drowning and I – I live by the river.« Es war die Zeit von Reagans nuklearem Spiel mit dem Feuer, und in unserer Fantasie sahen wir alle schon die postnuklearen Ruinen vor uns. »Die Lebenden werden die Toten beneiden«, hieß der Slogan, den die Nuclear-Freeze-Aktivisten wie ein Mantra deklamierten, und Bücher,

Zeitungs- und Zeitschriftenartikel sowie ein TV-Spielfilm entwarfen ein Bild davon, was für eine Art von Ruine die nördliche Hemisphäre werden könnte. Ich hatte immer erwartet, in dieser postnuklearen Welt leben zu müssen, und fragte mich, wenn ich an meine Zukunft dachte, was wohl relevanter sein würde, Überlebenskünste oder ein Magister. Obwohl die Ruinen als prophetische Architektur der Zukunft imaginiert wurden, spiegelten sie das Wesentliche jener Zeit wider. Die großen Industriestädte veränderten sich immer stärker: Die Häfen von San Francisco und New York waren bereits fast vollständig in Richtung Außenbezirke verlagert worden, und die in den Innenstädten angesiedelten Kleinindustrien wurden nach und nach abgelöst von Künstlern und dem Wohlstand der Schickeria, die den Künstlern manchmal nachfolgt und sie imitiert.

Heute stehen wir am Beginn einer Epoche, deren Bauten weitaus schauriger sind als Ruinen. Während der Zeit, von der ich hier schreibe, krochen die neuen, auf Silikon basierenden Lebensformen allmählich in sämtliche Lücken und Spalten hinein, ohne irgendeinen Alarm auszulösen, obwohl sie alles total verändern würden, und zwar auf eine sehr viel heimtückischere Art und Weise als ein Atomkrieg: Sie würden einen neuen Reichtum bringen, der die Ruinen ausradieren würde. In den Achtzigerjahren malten wir uns die Apokalypse aus, weil das einfacher war, als sich die komplizierten Zukünfte auszumalen, die uns Geld, Macht und Technologie aufzwingen würden, komplexe Zukünfte, aus denen man nur schwer würde aussteigen können. Genauso malen sich Teenager aus, jung zu sterben, denn der Tod ist leichter vorstellbar als die Person, zu der einen all die Entscheidungen und Lasten des Erwachsenseins machen können. Und so sah ich Marines Tod damals als das Ende meiner Jugend an, denn er signalisierte das Ende meiner Verbindung zu jener Unterwelt, doch vielleicht war der wahre Grund eher der, dass der Tod plötzlich Wirklichkeit wurde.

Während der zwei Jahre, die mit dem Tod von Marine endeten, hatte sich für mich alles geändert: Mein Vater starb in einem fernen Land; Dinge kamen an die Oberfläche, die bis dahin zu bedrohlich gewesen waren, als dass ich sie hätte sehen können, was dazu führte, dass ich mit einigen höchst lehrreichen Dämonen rang; ich kündigte meinen Job und begann, das Leben zu führen, das ich noch immer führe, das Leben einer unabhängigen Schriftstellerin; und der Filmemacher zog nach Los Angeles, um eine erfolgreiche Karriere in der Unterhaltungsindustrie zu starten, ein Wechsel, der klarmachte, dass wir in verschiedene Richtungen unterwegs waren, weshalb wir uns trennten. Ich verlor ein ganzes Leben, gewann jedoch allmählich ein neues, ein offeneres und freieres. Obwohl ich die Achtzigerjahre für meine urbanste Phase halte, blieben Marine und ich, die beide in jenem vorstädtischen County mit seiner wunderschönen Hügellandschaft aufgewachsen waren, mit einem Fuß auf dem Land, in der Wildnis, denn diese Richtung versprach auch ein Entkommen.

Heute glaube ich, dass die Vororte, sofern die Topografie eine Droge sein kann, für die Generation vor uns eine Art Beruhigungsmittel waren. Die eintönigen, im Rancherstil gebauten Häuser, die beruhigenden Linien der sich windenden und als Sackgassen endenden Straßen, die Homogenität, die Wiederholung, die schönen, leeren Namen, alles zielte darauf ab, die Verzweiflung der Armut und der gesellschaftlichen Konflikte, die Mietshäuser und Kasernen und Migrantenlager und Farmpächterhütten auszuradieren. Was sie ausradieren wollten, haben wir dann zutage gefördert und daraus unsere Untergrundkultur, unser Refugium, unsere Identität geschaffen. Wir schüttelten damals jene Trance ab, zogen los, strebten nach der Welt unserer Großeltern, wir Kinder, die wir einem verlorenen Europa, dem Zweiten Weltkrieg, der Verzweiflung und der Entbehrung nicht allzu fern waren. Das war es, was die Stadt bot, ein scharfes Gegenmittel, die Möglichkeit, völlig wach zu sein, von allen Möglichkeiten umgeben, von denen manche allerdings, wie wir auf die harte Tour lernen sollten, entsetzlich waren. Ich wohne noch immer in der Stadt, doch damals, als sich alles änderte, machte ich meine ersten großen Schritte in die andere Richtung. So eröffnete sich mir eine neue Welt, in der die Nacht zum Schlafen da war und, weit weg von den Lichtern der Stadt, für die Sterne. Ich lernte die Milchstraße kennen und die scharfen Schatten, die der Vollmond in der Wüste wirft.

Dabei muss ich an Marines Hingabe denken. Irgendwie kommt es mir mutig vor, dieses Sich-in-Abenteuer-Stürzen ohne Angst vor möglichen Konsequenzen. Oder war es eine Verzweiflung, wo es schlimmere Dinge gab als den Tod, ein so starker Wunsch nach der Betäubung, der Ablenkung und dem Gefühl von Schicksal, die Drogen zu bieten scheinen, ja sogar ein Wunsch nach dem Tod? War ich ein Feigling, dass ich die entfernteren Bewusstseinsbereiche nicht erforschen wollte, hatte ich Angst, mich zu verirren, nicht mehr zurückzufinden? Seit meinem siebzehnten Lebensjahr habe ich auf eigenen Füßen gestanden, und diese frühe Unabhängigkeit machte mich alt: Ich war mir nie sicher, ob irgendjemand, sollte ich auseinanderbrechen, die Scherben zusammensuchen würde, und ich machte mir auch über mögliche Konsequenzen Gedanken. Junge Menschen leben vollkommen in der Gegenwart, doch ist es eine Gegenwart voller Drama und Leichtsinn, wo man seinen Antrieben folgt und mit dem Rudel läuft. Mit kindlicher Furchtlosigkeit tun sie Dinge, deren Konsequenzen Erwachsenendimensionen annehmen können, und wenn etwas schiefläuft, empfinden sie die Scham oder den Schmerz ebenfalls als ewige Gegenwart. Das Erwachsensein setzt sich zusammen aus einer vorsichtigen Vorausberechnung und einem philosophischen Gedächtnis, was dazu führt, dass man langsamer und ruhiger durchs Leben steuert. Doch die Angst, Fehler zu machen, kann selbst ein riesiger Fehler werden, der einen vom Leben abhält, denn das Leben ist nun einmal riskant, und alles, was weniger ist, ist bereits ein Verlust. So habe ich früh eine Menge Abenteuer versäumt, doch ich weiß, es gab viele Wege, die ich hätte einschlagen können, und einige von ihnen führten in Richtung Wahnsinn und Elend, so wie einer von Marines Wegen der Tod war, durch den die anderen, die ihre Talente und Leidenschaften sie hätten entlangführen können, versperrt wurden.

Mehrere Jahre später sollte ich wiederholt den metallischen Geschmack von Mohn in verschiedenen Verfeinerungen sowie seine Wirkung, nämlich dass er mich in etwas fast schon Reptilienartiges verwandelte, genießen. Opiate scheinen nicht nur körperlichen, sondern auch existenziellen Schmerz abzutöten und verwandeln einen in einen coolen Zuschauer der eigenen Empfindungen und Begehren sowie der verstreichenden Zeit, die genauso träge ist, wie es all die Bilder von Diwanen und Wandbehängen und langen Pfeifen versprechen. Allerdings hatte ich noch eine andere Version von Marines Tod gehört, wonach sie nicht am Heroin gestorben war, sondern an einem Schuss Speed, den ihr ihre Kumpel gesetzt hatten, um sie »aufzuwecken«: Das ist eine tödliche Kombination, und in dieser Version starb sie, weil ein paar Feiglinge nicht die rechtlichen Konsequenzen riskieren wollten, zu denen es eventuell gekommen wäre, wenn sie den Notarzt gerufen hätten, der sie mit einer einzigen Spritze hätte wiederbeleben können. Ich kann heute nicht sagen, ob es Mord, Selbstmord, ein Unfall oder alles zusammen war. Marine stürzte sich zwar immer wieder ins Unbekannte, kehrte jedoch auch jedes Mal wieder nach Hause zurück, während ich mich von dort, wo ich aufgebrochen war, in einer geraden Linie immer weiter fortschleppte.

Das Blau der Ferne

Blau war der Titel einer Musikkassette, die ich vor einem Dutzend Jahren zusammenstellte; manche Songs handelten von Traurigkeit, manche vom Himmel, und manche von beidem. So eine Kassette habe ich mir immer wieder einmal zusammengemixt, hauptsächlich für lange Autofahrten, und dabei habe ich immer versucht zu definieren, was mich an der Musik, die ich auswählte, bewegte. Eine frühere Auswahl hieß *Geografiestunden, größtenteils tragisch*, und auch da hatte ich versucht, etwas über die Evokation bestimmter Orte und ihre emotionale Resonanz in jener Musik herauszufinden. Eine Zusammenstellung über Flüsse und das Trinken, über das innerliche und das äußerliche Ertrinken, nannte ich *The Entirely Liquid Mr. North*, nach dem sich zu Tode trinkenden Komponisten Abe North in F. Scott Fitzgeralds *Zärtlich ist die Nacht*, obwohl die Songs aus dem Süden stammten. Die meisten Songs auf *Blau* hatten irgendeine Beziehung zum Blues, als kehrte die Musik zurück zu ihren Ursprüngen in der Sehnsucht und dem Blau der Ferne.

Ein paar Jahre zuvor hatte ich die Country-&-Western-Musik entdeckt – nicht den modernen Kram, zumeist sentimentaler Pop mit Geigen und Genäsele, sondern die älteren Lieder, die die dunklen Tiefen emotionaler Erfahrungen ausloteten. Ich war in der liberalen Einwandererkultur der Westküste groß geworden, weit entfernt von der Welt jener Musik, und hatte gelernt, dieses Zeug als banal, kitschig und vulgär zu verachten, ohne ihm jemals wirklich Beachtung zu schenken. Als diese Musik dann eines Frühlings plötzlich über mich hereinbrach, stellte ich verblüfft fest, dass die populärsten Songs oft, genau wie die Geschichten von Edgar Allan Poe und Katherine Anne Porter, im Stil der Schauerromane des Südens, der Southern Gothics, daherkamen, verliebt in die Tragödie und die Topografie. Heute sehe ich diese Zeit als eine Epoche, in der eine schmerzbewegte Poetik des Verlusts den Äther beherrschte, und frage mich, wie sie in die echte Banalität der zeitgenössischen fröhlichen Countrymusic abrutschen konnte (obwohl es an den Rändern dieses Genres noch immer große Balladensänger gibt).

Die Songs, die mir ins Blut übergingen, ähnelten zu einigen wenigen Strophen und einem Refrain komprimierten Kurzgeschichten; immer überspannten und schichteten sie die Zeit. Die Musik war gespenstisch, handelte von fernen Erinnerungen, von den Toten und Vergangenen, oder zielte zumindest auf eine Geliebte, einen Geliebten weit außer Hörweite. So wie das Schreiben war auch diese Musik einsam, ein Selbstgespräch in jener Einsamkeit des Komponierens und Kontemplierens, in dem freien Fluss der Zeit, im Davor, im Danach, im Dazwischen, aber irgendwie nie wirklich im Jetzt einer blühenden Romanze, und vielleicht war dies auch die Zeit meiner langen Autofahrten im Sommer, als ich tausend, tausendfünfhundert Kilometer am Tag fuhr und die Bildsequenzen immer wieder abliefen, wie Filme, wie die Geschichten, die kleine Kinder zur Beruhigung hören wollen, die Bilder des Highway 40 durch Arizona und New Mexico, der Highways 80 und 50 durch Nevada und Utah, der Highways 58 und 285 durch die kalifornische Wüste, der vielen kleineren Highways und anderer Straßen, Straßen, an denen die Mesas und Diners überall gleich waren, das Licht und die Wolken und das Wetter jedoch nie.

Und das waren nicht unbedingt obskure oder alternative Sachen. Auf einem Flohmarkt fand ich einmal, für einen oder zwei Quarter, eine Kassette mit Tanya Tuckers frühen Hits, damals, als ich anfing, meine Nase in diese für mich vollkommen neue Welt zu stecken.

Die Kassette erinnerte an eine Geschichtensammlung. Eine ehemalige Schönheit lief durch eine Stadt – ihr Verlust hatte ihr den Verstand geraubt: Sie war in einer Zeit, in einem Augenblick stecken geblieben, der sich längst in Luft aufgelöst hatte, einen Koffer in der Hand und auf einen Mann wartend, der sie schon lange verlassen hatte. Eine namenlose Stimme fragte ihren namenlosen Geliebten: »Would you lay with me in a field of stone?«, was ein bizarres Bild entstehen lässt von einer jener nicht pflügbaren Granitwiesen, und die Intensität des Bedürfnisses schien die einzige Erklärung zu sein, der diese seltsame Bitte bedurfte. (»Walkin' After Midnight«, Patsy Clines Riesenhit aus dem Jahre 1957, ist auf genauso beunruhigende Weise eigenartig: Sie läuft – mit den Worten von Don Hecht und Alan Block – mitten in der Nacht am Highway entlang und sagt, sie liebe das »Du« des Songs, was keine sehr beherrschte oder vernünftige oder sogar direkte Art ist, irgendetwas zu sagen, wobei die Indirektheit ihrer Mittel in direktem Verhältnis zu der Unmöglichkeit steht, es dem namenlosen, unwiederbringlich verlorenen Geliebten in dieser Landschaft der Einsamkeit tatsächlich zu sagen.) Eine Frau erinnerte sich an den Mann, der sich, als sie noch ein Kind war, an sie herangemacht hatte. Er fragte sie nach dem Namen ihrer Mutter und ob diese jemals von einem Ort namens New Orleans sprach, und weil er ein Kind behelligt hatte, wurde er ins Gefängnis geworfen. Nahe der Gegenwart, in der der Song gesungen wird, starb der Fragesteller, und auf seiner Leiche lag eine Notiz ihrer Mutter, die ihre Geburt ankündigte, sodass die eine Begegnung zwischen Vater und Tochter eine Katastrophe des Nichterkennens war, des Versäumnisses, eine Verbindung herzustellen, ein Thema, das diese Songs beherrscht, Songs, die die Zeit schichten wie die Erde auf einem Grab.

Immer handelten sie von jemandem, der sich an eine Tragödie erinnerte, die sich vor langer Zeit ereignet hatte und im Allgemeinen jemand anderen betraf, sodass über den einstmals qualvollen Begebenheiten eine Art von Nebel der zeitlichen Ferne lag, die Art von Zeit, die Joseph Conrad beschwor, als er einen Erzähler auf ein im Dock liegendes Schiff steckte und die lange zurückliegende Geschichte eines anderen Mannes auf einem anderen Meer erzählen ließ, ein ungelöstes, noch einmal neu aufzugreifendes Rätsel. Der Inbegriff dieser Art von Musik und mein Lieblingssong ist »Long Black Veil«, den der Protagonist von jenseits des Grabes singt, zehn Jahre nachdem er wegen eines Verbrechens, das er nicht begangen hatte, gehängt wurde und die Frau seines besten Freundes ihm stumm beim Sterben zusah. Sie waren zusammen im Bett gewesen, doch keiner der beiden wollte dieses Alibi, das ihn gerettet hätte, vorbringen. Und so streift sie, wie es in dem berühmten Refrain heißt, in einen langen schwarzen Schleier gehüllt durch diese Berge »and visits my grave when the night winds wail«. Selbst Bobbie Gentrys »Ode to Billie Joe« aus dem Jahre 1967, dieser Megahit, dessen Protagonistin ihren Liebhaber möglicherweise von der (unterhalb des Choctaw Ridge gelegenen) Tallahatchie Bridge gestoßen hat, vermittelt etwas von diesem Gefühl, Geister und Gespenster im Rückspiegel der unwiederbringlichen Zeit, des unersetzlichen Verlusts und nicht wiedergutzumachenden Irrtums zu sehen.

Oft waren die Protagonisten anonym, namenlos und nur äußerst vage beschrieben. Ein Mann, eine Frau, ein vor langer Zeit verstorbener Liebhaber, eine treulose Ehefrau, ein grausamer Ehemann, eine aufgegebene Hoffnung, ein kaum erhaschter und schon wieder verlorener Traum. Doch die Gegenden, in denen sich diese Dramen abspielten, wurden immer wieder in allen Einzelheiten beschworen, und wenn es tragische Songs über das Scheitern menschlicher Liebe waren, so waren es auch Liebeslieder über bestimmte Orte, deren Namen wie Zauberformeln und Liebkosungen rezitiert wurden. Wie in Tagträumen erinnerte man sich der Namen oder auch nur der Existenz von Brücken, Bergen, Tälern, Ortschaften, Staaten, Flüssen (vielen Flüssen) und Highways, und auch die Seelenzustände selbst wurden zu Orten: *Lost Highway* und *Lonely Street*. Obwohl es also offenkundige Liebeslieder waren, war in den meisten Songs die Landschaft ein tieferer Anker des Seins und Objekt einer anderen, beständigeren Liebe. Das Grab, das Rathauslicht, die Hügel und der Galgen, alles ist lebendiger als die Protagonisten von »Long Black Veil«. Vielleicht, weil man zwar die Zeit nicht zurückdrehen, aber sehr wohl zu den Schauplätzen einer Liebe, eines Verbrechens, eines Glücks und einer verhängnisvollen Entscheidung zurückkehren kann; was bleibt, was einem gehört, was unsterblich ist, das sind diese Orte. Sie werden zur konkreten Landschaft der Erinnerung, die Orte, die einen geprägt haben, und auf gewisse Weise wird man selbst zu ihnen. Sie können einem gehören, doch letztendlich gehört man ihnen.

Die einzigen Eigennamen, die auf meiner alten Tanya-Tucker-Kassette erwähnt wurden, waren Brownsville, San Antonio, Memphis, New Orleans und Pecos, obwohl auch Straßen, Felder, Flüsse, Läden, Gefängnisse, Fähren und andere Schauplätze auftauchten. Die Menschen waren namenlos, und die Frauen begannen manchmal, sich aufzulösen und in bestimmte Orte, bestimmte Gegenden überzugehen, wie jene tragischen Figuren, die die Götter in Rosenbüsche oder Springbrunnen verwandelten, um ihre Trauer zu verstetigen. Natürlich gab es die verschmähte Braut namens Delta Dawn und, weitaus härter, das junge Opfer einer Vergewaltigung, das sich in sich selbst zurückzog und als No Man's Land bekannt wurde. Sie wuchs zu einer Schönheit heran, wurde Krankenschwester und fand sich eines Tages in einer Situation wieder, wo sie ihren Vergewaltiger zu pflegen hatte – der Song ist zwar, was Einzelheiten angeht, recht vage, doch scheint sie ihm beim Sterben zugesehen zu haben, statt ihn zu behandeln, »and now his soul is walking / In No Man's

Land«. Es ist ein erschreckender Song darüber, was Menschen sich gegenseitig antun können, und darüber, wie der Vergewaltiger zweimal von ihr Besitz ergreift, zuletzt dadurch, dass seine Seele in dem Niemandsland herumspukt, zu dem sie geworden ist.

Ein Teil dieser Emotionen wird in den Orten verankert, wo etwas Bedeutendes stattgefunden hat, das heißt, die Erinnerung an den Ort wiederzufinden bedeutet, die Emotion wiederzufinden, doch manchmal wird die Emotion auch dadurch aufgedeckt, dass man den Ort selbst neu entdeckt. Jede Liebe hat ihre Landschaft. Das bedeutet, dass man Orten, von denen allgemein immer gesagt wird, sie zählten nur, wenn man dort tatsächlich anwesend sei, auch in ihrer Abwesenheit gehört, dass sie ein neues Leben beginnen als ein Gefühl der Ortsbezogenheit, als etwas, was mit der ganzen atmosphärischen Wirkung, die von einer starken Emotion ausgeht, in der Imagination ins Leben gerufen wird. Die inneren Orte sind genauso wichtig wie die äußeren. Es ist, als würden die Orte, so, wie sie einen begleiten und man sich nach ihnen sehnt, zu Gottheiten – und in vielen Religionen gibt es auch örtliche Gottheiten, vorherrschende Geister, Ortsgenien. Es ließe sich vorstellen, dass in diesen Songs Kentucky oder der Red River Geister sind, zu denen der Sänger, die Sängerin betet, dass diese um die Traumzeit vor der Verbannung trauern, als sie noch unter Göttern lebten, die keine Phantasmen waren, sondern die Geografie, die Materie, die Erde selbst.

In all dieser Traurigkeit schwingt eine sinnliche Freude, und ich frage mich, wo sie herkommt, denn so, wie wir normalerweise die Welt konstruieren, müssten Traurigkeit und Freude weit voneinander entfernt sein. Hat es damit zu tun, dass die Freude, die von anderen Menschen kommt, immer das Risiko der Traurigkeit birgt? Denn selbst wenn die Liebe nicht scheitert, kommt die Sterblichkeit ins Spiel; hat es damit zu tun, dass es einen Ort gibt, wo zwischen Traurigkeit und Freude kein Unterschied besteht, wo alle Emotionen beieinanderliegen, eine Art von Meer, in das die Ströme verschiedener Emotionen münden, eine tief im Innern liegende Ferne; hat es damit zu tun, dass solcherart Traurigkeit nur die Nebenwirkung einer Kunst ist, die die Tiefen unseres Lebens beschreibt, und es schön ist, dieses ganze Potenzial für Einsamkeit und Schmerz beschrieben zu sehen? Es gibt Songs von aufrührerischer Kraft; im Prinzip sind sie das, was der Rock 'n' Roll, als Ableger einer Richtung des Blues, am besten kann, diese Songs darüber, was es bedeutet, jung zu sein und am Anfang der Welt zu stehen, voller Bewusstsein für das eigene Potenzial. Die Countrymusic, zumindest die alte Countrymusic, hat sich stattdessen hauptsächlich den Nachwirkungen gewidmet, den Anstrengungen, derer es bedarf, um weiterzumachen, oder dem Bewusstsein, das sich einstellt, wenn man nicht mehr weiterkann. Wenn diese Musik tiefer ist als Rock, dann, weil das Scheitern tiefer geht als der Erfolg. Aus dem Scheitern lernen wir, zumindest meistens.

Während der ganzen Autofahrten im Sommer, egal, wo ich hinfuhr, ob zu einem Menschen, einem Projekt, einem Abenteuer oder nach Hause, befand ich mich, allein in meinem Wagen, meine sozialen Verpflichtungen noch vor oder bereits hinter mir, in der Schwebe, in der wunderbaren Einsamkeit der offenen Straße, in einem Zustand der Introspektion, der sich nur draußen im Freien einstellen kann, denn drinnen und draußen sind stärker ineinander verflochten, als es die üblichen Unterscheidungen ahnen lassen. Das Gefühl, das die Landschaft hervorruft, ist durchdringend, eine Freude nahe am Schmerz, wenn das Blau am Horizont am tiefsten ist oder die Wolken ihre spektakulären, flüchtigen Spiele spielen, die so viel einfacher zu erinnern als zu beschreiben sind. Manchmal sah ich meine Wohnung in San Francisco lediglich als ein Winterlager an und die ganze Strecke durch den Westen, die ich mehrere Male pro Jahr fahre, als mein Zuhause und mich selbst als eine Art

Nomadin. (Nomaden haben, im Gegensatz zur heute gängigen Meinung, feste Wanderrouten und Beziehungen zu Orten; sie sind bei Weitem nicht die Drifter und Dharma-Gammler, mit denen der Begriff »Nomade« heutzutage oft assoziiert wird.) Was bedeutete, dass alles mein Zuhause war, auf jeden Fall auch die starken Emotionen, die beispielsweise die auf einer Strecke von rund achtzig Kilometern westlich von Gallup, New Mexico, und einhundertsechzig Kilometern östlich entlang des Highways sich erhebenden Mesas in mir hervorriefen, die mich selbst jetzt während des Schreibens tief bewegen, genau wie Dutzende anderer Orte und Gegenden auch – heute sehne ich mich nicht mehr danach, neue Gegenden zu sehen, sondern zurückzukehren und die alten gründlicher kennenzulernen, sie neu zu sehen. Doch wenn dies wirklich mein Zuhause war, dann besaß ich zwar eine unermesslich weite, verzauberte Welt, war jedoch gleichzeitig tief entfremdet.

Genau wie die Menschen in jenen Songs – es schien, als hätten Ortsnamen dort die gleiche evokative Macht wie in meinem Leben: Ich liebe es, wenn jemand diese Namen sagt. Einmal, als ich in New Mexico lebte, verzauberte und hypnotisierte mich ein Student, der in meiner Gegend von Kalifornien gelebt hatte, damit, dass er »Sebastopol, Occidental, Freestone, Gravenstein Highway, Petaluma … « sagte. Heute sind es die Namen aus New Mexico, die am meisten Macht über mich haben: Golondrinas, Mora, Chacon, Trampas, Chimayo, Nambe, Rio en Medio, Canyoncito, Stanley, Moriarty, die East Mountains, Cerrillos, Cerro Pelon. Es gibt ein ganzes Songgenre, das mit dem Blues begann und hauptsächlich aus Ortsnamen besteht, ein geografisches Rezitativ – die berühmte Route 66 ist hier nur das bekannteste Beispiel. (Vielleicht rühren sie von den Rufen der Eisenbahnschaffner her, genau wie die Aufzählung in dem Bluegrass-Song »Orange Blossom Special«, vielleicht gehören Reisen und Aufzählungen zwangsläufig zusammen, sodass der Rhythmus einer Musik der Rastlosigkeit durch Ortsnamen vorgegeben wird.) Eine einfühlsame Annäherung an das Wesen dieser Musik durch einen Außenstehenden ist »Wanted Man«, ein Song, den Bob Dylan 1969 schrieb und den Johnny Cash berühmt machte. Es handelt sich um die angeberische Aufzählung all der Orte, wo ein bestimmter Verbrecher gesucht wird, eine Rezitation, die Albuquerque und Tallahassee und Baton Rouge und Buffalo mit einschließt, eine Verwechslung zwischen dem Begehrt- und dem Gejagtwerden, voller verstörender Andeutungen über die Motive, die einen Menschen zum Verbrecher werden lassen.

Dass das Leben eine Reise ist, versteht sich in diesen Songs von selbst, denn schließlich ist ihr Hintergrund die Urbanisierung der ländlichen weißen Bevölkerung und die Abwanderung der Schwarzen aus dem Süden in den Norden, doch die starke Liebe zur Heimat macht aus dieser Reise keine aufklärerische Erzählung über die Entdeckung des Unbekannten, sondern eine insulare Geschichte des Verlusts der prägenden Terra cognita, die in jenen Songs nur als Erinnerung existiert, eine Landkarte, geschrieben in der Dunkelheit der Eingeweide, lesbar in einem Querschnitt des sezierten Herzens. Niemand kommt über irgendetwas hinweg; die Zeit heilt keine Wunden; wenn er, wie es in einem von George Jones' berühmtesten Songs heißt, heute aufgehört hat, sie zu lieben, dann, weil er tot ist. Die Landschaft, in der die Identität Halt finden soll, ist keineswegs solide; sie besteht, genau wie diese Songs, aus Erinnerung und Sehnsucht statt aus Fels und Erde.

Die Menschen blicken in die Zukunft und erwarten, dass sich die Kräfte der Gegenwart auf kohärente und vorhersehbare Weise entfalten, doch jede Untersuchung der Vergangenheit zeigt, dass die gewundenen Wege der Veränderung unvorstellbar seltsam sind. Keine Logik, keine Prophezeiung kann die Evolutionsgeschichte des Wals erklären, der vor Urzeiten ein Wassertier war, dann Ewigkeiten auf dem Land lebte und schließlich wieder zurück ins Meer zog, wo er sich so stark weiterentwickelte, dass er heutzutage absolut anders gebaut ist als irgendein Lebewesen, das auf der Erdoberfläche überleben könnte. Die Musik, die man den Blues nennt, ist ein gutes Beispiel für das Unwahrscheinliche: Sie stellt die Weiterentwicklung afrikanischer Musik in der Landschaft des amerikanischen Südostens dar, moduliert durch die Sklaverei und den Kontakt mit der englischen Sprache, mit europäischen Instrumenten und eventuell auch mit irischen, schottischen und englischen Balladen – die leidenschaftliche Melancholie von Mörderballaden und Liedern über sitzen gelassene Mädchen und blutige Rache. Der Begriff »blue« stammt ab von einem alten englischen Wort für Melancholie oder Traurigkeit – *blue moods, blue devils, the blues* – und kann, meinem etymologischen Wörterbuch zufolge, auf das Jahr 1555 zurückgeführt werden.

Die Welt, aus der der Blues kam, ist weitgehend untergegangen. Nicht einmal ein halbes Jahrhundert nach der Abschaffung der Sklaverei war sie aus extrem eingeschränkten Wahlmöglichkeiten und einer begrenzten Bewegungsfreiheit entstanden; liest man frühe Biografien, dann sieht man Bilder vor sich von Farmpächtern in kleinen, von Baumwollfeldern umgebenen Schuppen; von Schwerstarbeitern – Gefangene, Kinder, alle und jeder; von Staub; von den Überschwemmungen des Mississippi und den Launen des Gesetzes; von einer Gesellschaft, in der die ehemaligen Sklaven noch lange nicht frei waren. Manche, die aus jener Welt stammten, ließen sich in dem Viertel nieder, in dem ich den Großteil meines Erwachsenenlebens verbracht habe, und erzählten mir davon, doch sie sterben aus, einer nach dem anderen, und ihre Urenkel hören eine völlig andere Musik, obwohl in den örtlichen Kirchen weiterhin Gospel gesungen wird. Der Blues ist eine Art »captivity narrative«, doch die weißen Gefangenschaftsberichte erzählten oft von Menschen, deren Gefangenschaft entweder zeitlich begrenzt war oder umschlug in die vollständige Aufnahme in eine neue Gesellschaft. Der Blues definierte dagegen eine Art fortwährendes inneres Exil von Menschen, die nicht zurückkehren konnten, obwohl viele Bluessongs vom Verlassen des Südens handeln, allerdings ohne die Sehnsucht der weißen Countrymusic nach den verlassenen Orten der Heimat. In dieser Hinsicht sind selbst Nostalgie und Heimweh Privilegien, die nicht jedem zuteilwerden.

Armut und Rassismus sind nicht verschwunden, doch die Eigenständigkeit der ländlichen schwarzen Gemeinden ging in die Brüche, und zwar durch die Emigration, durch eine gewisse Aufhebung der Rassentrennung, vor allem jedoch durch die Veränderung der Welt durch billige Beförderungsmittel und allenthalben anzutreffende Massenmedien, durch die fast überall stattfindende Zerstörung des Lokalen. Es ist, als hätte sich eine Art spezifisches Gewicht aufgelöst, zuvor jedoch noch all diese ungleichen Kräfte in eine Intensität des Ausdrucks verdichtet, so wie ein gewaltiges Gewicht und enormer Druck Erde und Mineralien zu Edelsteinen verwandeln. Der eigentliche Blues, der Blues, so wie er 1933 existierte, ist zerbrechlich und kostbar, ein Stil, der oft selbst anachronistisch oder nostalgisch wirkt (und heutzutage ein hauptsächlich weißes Publikum hat), doch er breitete sich aus und wurde, auf die eine oder andere Art, zum Vorfahren eines Großteils der modernen populären Musik.

Auf gewisse Weise hat der Blues die Welt erobert, und die dem Süden eigene Melancholie der Zeit nach der Sklaverei wurde etwas Universelles, oder, anders ausgedrückt, eine universelle Melancholie fand ein ganz spezifisches Ausdrucksmittel. Die Country-Songs über bestimmte Orte und Gegenden, die ich damals sammelte, waren in gewisser Hinsicht Bluesstücke – man denke daran, wie viele der von Hank Williams komponierten Lieder ganz explizit als Bluessongs angelegt waren –, doch es war, als könnte man diese Farbe, das »blue«, das Blau, wörtlich nehmen, als könnte man sich den ursprünglichen Blues als eine tiefe Farbe vorstellen, leidenschaftlich und aufsässig, als Indigo, Azur, Saphir, verdünnt zur grüblerischen Melancholie dieser weißen Songs über Verlust und nach rückwärts gewandte Blicke, verdünnt zum Blau der Ferne.

In einer von Tania Blixens Erzählungen gibt es eine Geschichte über die Farbe Blau, die mir wie einer dieser Songs erschien, diesmal ohne die Stimme und die Musik, die sie so emotional machen, doch mit ihrem Bewusstsein dafür, große Entfernungen von Zeit, Raum und Ich zu überblicken. Ich erinnerte mich daran und durchforstete all ihre Bücher immer wieder vergeblich danach, nach dieser verschwundenen Geschichte über die Farbe Blau, bis ich eines Tages im Netz nach Tania Blixen suchte und feststellte, dass es sich um die Geschichte handelte, die der Schriftsteller den Seeleuten in »Der junge Mann mit der Nelke« erzählt, eine Geschichte über die Verzweiflungskrise eines Schriftstellers, eine Krise, die eine Nacht währt und am Morgen damit endet, dass er einen Pakt mit Gott eingeht, der ihm verspricht: »Ich, ich werde dir nicht mehr Qual zumessen, als du brauchst, um deine Bücher zu schreiben ... Begehrst du Geringeres?« Die Geschichte ist nur anderthalb Seiten lang, das heißt genauso skizzenhaft wie die Songs – die Version von »Long Black Veil«, die ich gefunden habe, hat genauso viele Zeilen wie ein Sonett, doch steckt in diesen Zeilen das Skelett eines ganzen Romans.

Blixen war selbst eine Emigrantin, war nach Afrika ausgewandert, und vielleicht steckte etwas von der Hybridität des Blues in dem Einfluss der afrikanischen Erzählkunst auf ihr Talent, Geschichten zu erzählen, die brillanter und unerwarteter sind als normale Kurzgeschichten, kunstvoller und glaubhafter als Märchen und

Fabeln. In der von mir wiederentdeckten Geschichte innerhalb einer Geschichte gibt es einen alten englischen Aristokraten, der seinem Land gedient und nur noch ein einziges Interesse hat, nämlich blaues Porzellan zu sammeln, weshalb er gemeinsam mit seiner Tochter die Welt bereist. Das ist ein aufschlussreiches Detail, denn Porzellan wurde damals bereits exportiert, sodass sowohl die Holländer als auch die Chinesen Porzellanwaren herstellten, die in etwa den Vorstellungen entsprachen, welche die Europäer von chinesischer Keramik hatten, diese blauweißen Stücke, deren bekanntestes Motiv auch eine kleine tragische Geschichte darstellt, das blaue Weidenmuster mit Vögeln, Bäumen, Wasser und getrennten Liebhabern, wie die Elemente eines Songs, aus dem man trinken kann, Teetassen, die immer Becher des Leidens sein würden. Sie erleiden Schiffbruch, die Tochter bleibt bei der Evakuierung an Bord zurück, doch in allerletzter Minute trägt sie ein Matrose in ein Rettungsboot, das man übersehen hatte, und die nächsten neun Tage verbringen die beiden allein auf hoher See.

Nach ihrer Rettung, so erzählt Blixen durch ihren fiktionalen jungen Schriftsteller weiter, schickt ihr Vater den Matrosen auf Nimmerwiedersehen fort, ans andere Ende der Welt, und das Einzige, wozu die gerettete Schiffbrüchige jetzt noch Lust hat, ist, blaues Porzellan zu sammeln:

> Auf ihrer Suche erzählte sie allen Leuten, mit denen sie handelte, dass sie ein bestimmtes Blau suche und jeden Preis dafür zahlen würde. Doch obwohl sie viele Hundert blaue Krüge und Schüsseln kaufte, nach einer Weile stellte sie alle zur Seite und sagte: »Nein, nein, das ist nicht das richtige Blau.« Ihr Vater äußerte eines Tages, nachdem sie viele Jahre lang gefahren waren, die Vermutung, dass die Farbe, die sie suchte, vielleicht gar nicht existiere. »Oh

Gott!«, sagte sie, »wie kannst du nur so etwas Grausames sagen, Papa? Es muss doch ein Stückchen davon übriggeblieben sein aus der Zeit, da die ganze Welt blau war.«

Jahre vergingen, Jahrzehnte, ihr Vater starb, und schließlich brachte ihr ein Händler eines Tages, nach der Plünderung des Sommerpalastes des Kaisers von China, einen alten blauen Krug. Als sie ihn sah, meinte sie, nun könne sie sterben, und wenn sie tot sei, solle man ihr Herz herausschneiden und es in den blauen Krug legen: »Denn dann wird alles wieder sein, wie es damals war. Alles um mich herum wird blau sein, und inmitten dieser blauen Welt wird mein Herz unschuldig und frei sein, und wird sanft schlagen ...«

Zwei Pfeilspitzen

Ich liebte einmal einen Mann, der sehr stark der Wüste ähnelte, und davor liebte ich die Wüste. Und zwar nicht bestimmte Dinge, sondern den Raum dazwischen, diese Fülle der Leere – die Einladung der Wüste. Dort ist die Geologie, die in üppigeren Landschaften unter der Erde liegt, dem Blick ausgesetzt, was ihr eine skelettartige Eleganz verleiht, genau wie die rauen Bedingungen – die enormen Entfernungen zwischen Wasserstellen, die vielen Gefahren, die extreme Hitze und Kälte – einen die eigene Sterblichkeit nicht vergessen lassen. Doch vor allem besteht die Wüste aus Licht, zumindest für das Auge und das Herz, und man lernt schnell, dass der fünfzig Kilometer entfernte Höhenzug in der Morgendämmerung rosa aussieht, mittags buschgrün und am Abend sowie unter Wolken blau. Das Licht täuscht über die knochige Festigkeit des Bodens hinweg, spielt darauf wie eine Emotion in einem Gesicht, was die Wüste äußerst lebendig macht: Die optische Stimmung der Berge verändert sich stündlich; Gegenden, die mittags flach und öde sind, sind am Abend voller Schatten und Geheimnisse; die Dunkelheit wird zu einem Becken, aus dem die Augen trinken; Wolken versprechen Regen, der wie eine Leidenschaft kommt und wie eine Erlösung wieder abzieht, Regen, der sich mit Blitz und Donner entlädt und einhergeht mit einer Vielfalt von Düften, die hier so rein sind, dass die Nässe, der Staub und die verschiedenen Büsche in der plötzlichen Luftfeuchtigkeit alle ihren eigenen Geruch haben. Absolut lebendig, mit den Urgewalten von Stein, Wetter, Wind, Licht und Zeit, wo die Biologie nur ein ungeladener Gast ist, der sich allein durchschlagen muss, vergoldet, überragt und bedroht von seinen Wirten. Diese unermessliche Weite war es, die ich liebte, und die Kargheit, die auch sinnlich war. Und der Mann?

Ich besuchte ihn an einem Abend im Spätfrühling bei sich zu Hause tief in der Mojave-Wüste. Wir waren uns einmal begegnet, und ein paar Monate später rief er mich an und meinte, er brauche die Telefonnummer des Freundes, der uns einander vorgestellt hatte, hielt mich eine Stunde oder noch länger am Telefon fest und meinte schließlich, ich solle doch, wenn ich das nächste Mal in der Gegend sei, vorbeikommen, was ich dann auch tat. Wir unterhielten uns vom hellen Licht des frühen Abends bis in die Dunkelheit der ersten warmen Frühlingsnacht jenes Jahres, und sogar der sanfte Wind bereitete mir Freude, wie er um meine Arme und Beine strich, die nicht mehr zum Schutz gegen die Nacht eingehüllt werden mussten. Wir unterhielten uns, während der Vollmond in den Himmel stieg, und Worte füllten den engen Raum zwischen uns, ebenso sehr Puffer wie Bindeglieder. Stunden vergingen, und plötzlich bewegte sich die Erde neben meinem Fuß. Eine Kängurumaus tauchte auf, ein Tier, das ich noch nie gesehen hatte, außer auf der Flucht, in der Ferne. Ich legte dem Mann die Hand auf die Schulter, um ihn auf diese Überraschung aufmerksam zu machen, und wir verstummten und guckten der seltsam furchtlosen Maus lange bei der Arbeit zu, und dann nahmen wir unsere Unterhaltung wieder auf, sprachen jedoch langsamer und leiser, während die Maus, ohne sich um unsere Anwesenheit zu kümmern, fortfuhr, ihren Tunneleingang und den davor gelegenen Kieshügel auszubauen. Fledermäuse schossen herab und schnappten sich unsichtbare Mahlzeiten aus der Luft, und Kojoten begannen zu heulen, so zahlreich, so nah und anhaltend, wie ich sie nie zuvor und seitdem auch nie wieder gehört habe, ein ganzes Orchester langgezogener Schreie in der Morgendämmerung.

Bei anderen Männern lernt man ihre Familien kennen, doch bei diesem geruhsamen Mann, der wie ein Wüstenermit wirkte, schienen Tiere diesen Platz einzunehmen, und sie hielten sich auch ständig in der Nähe seines Hauses auf. In der Stadt bedeutet Einsamkeit Mangel oder vielmehr Distanz, das heißt, man kennt nicht genügend andere Menschen oder aber sie sitzen hinter irgendeiner Tür oder Wand, doch in entlegenen Gegenden geht es nicht um eine Abwesenheit, sondern um die Anwesenheit von etwas anderem, eine Art von summender Stille, in der einem die Einsamkeit des Menschen genauso natürlich vorkommt wie die irgendeiner anderen Spezies, in der Worte seltsame Steine sind, die man eventuell umdreht, eventuell aber auch nicht. Ich habe in anderen Wüsten gelebt, doch in keiner, in der ein so reges Tierleben herrschte. Baumwollschwanzkaninchen, Präriehasen und umherflitzende, ruckartig den Kopf bewegende Wüstenwachteln waren immer nahebei, und frühmorgens konnte ich die Hasen zusammen tanzen und im Spiel senkrecht in die Luft springen sehen. Am späten Nachmittag spazierte oft ein Kojote durch den Vorgarten, ein Luchs warf mir dort einmal einen kühlen Blick zu, die Nachbarn sahen dort einen Puma, und an vielen Morgen jagten in der Einfahrt zwei Erdkuckucke hintereinander her.

Bei unserem zweiten Treffen erzählte er mir, als er aufgewacht sei, habe er draußen eine Klapperschlange gesehen, die sich in der Kühle des frühen Morgens noch nicht bewegen konnte, weshalb er sie mit einer Schaufel hochgehoben und in die Garage gebracht habe – in der Hoffnung, sie würde Jagd auf die Buschschwanzratte machen, die dort die Kabel zerfraß. Ich war überrascht und hingerissen von seiner Reaktion, die so anders war als die der meisten Menschen, die sich von Schlangen nur eins erhoffen: Distanz. Er hatte eine Leidenschaft für Schlangen, und bei jeder unserer ersten Verabredungen schien er eine neue Geschichte auf Lager zu haben. Eine handelte davon, wie er an Sommerabenden aus der Mojave-Wüste in Richtung Berge fuhr, allerdings im Schritttempo, damit er die Schlangen sehen konnte, die hervorgekrochen waren, um sich auf dem Asphalt zu wärmen, in dem sich abends die Hitze am allerlängsten speicherte, damit er sie sehen und dann aufsammeln und in Sicherheit bringen konnte. Er hatte beobachtet, wie eine Gophernatter vor einem Kaninchenbau lag und die daraus auftauchenden Jungen auffraß, eins nach dem anderen, hatte Schlangen sich paaren sehen, wobei sie sich hoch aufrichten und umeinanderwinden, und er schien regelmäßig auf Klapperschlangen zu stoßen. Einmal kam er nach Hause und erzählte mir in dem gedämpften Tonfall, der, wie ich gelernt hatte, Zärtlichkeit ausdrückte, er habe eine Babyklapperschlange gesehen, nicht dicker als sein Finger. Nach jener ersten Verabredung fuhr ich zu meinem ursprünglichen Ziel weiter, einer anderen Wüste, wo ich allein sein und schreiben wollte. Ein paar Tage später, es war der längste Tag des Jahres, ging ich einen kleinen Trampelpfad entlang, als mir einfiel, wovon ich die Nacht zuvor geträumt hatte, nämlich von einer Schlange, und noch während ich im Stillen dieses Wort sagte, fiel mein Blick nach unten und ich sah, dass mein rechter Fuß nahe daran war, auf eine fette kleine Klapperschlange zu treten, die sich mit ihren knopfähnlichen Schwanzrasseln züngelnd am Boden entlangschlängelte.

Welche Botschaft bringen uns wilde Tiere, welche scheinbar alles und nichts sagende Botschaft? Was ist das für eine Botschaft, die wortlos ist, die nicht mehr und auch nicht weniger ist als die Tiere selbst – nämlich, dass die Welt wild ist, dass das Leben, das Gute des Lebens wie auch seine Gefahren, unvorhersehbar ist, dass die Welt größer ist als unsere Vorstellungskraft? Ich kann mich an einen Tag erinnern, als er draußen arbeitete und ich allein in seinem Haus saß und schrieb. Ich hörte einen Raben vorbeifliegen, und die Luft war so still, dass jeder einzelne Flügelschlag deutlich vernehmbar war.

Ich habe mich damals gefragt und frage mich heute wieder, wie ich das alles aufgeben konnte für das, was Städte und Menschen zu bieten haben, denn einsam zu sein sollte doch weniger schrecklich sein, als aus dieser symbolischen Ordnung herausgetreten zu sein, die einem die Welt der Tiere und des Himmelslichtes bietet, doch das Schreiben ist einsam genug, eine Beichte, auf die es keine sofortige oder angemessene Antwort gibt, eine einleitende Erklärung in einem Gespräch, das verstummt oder sehr viel später ohne den Autor, ohne die Autorin stattfindet. Doch das beste Schreiben findet sich wie jene Tiere ein, plötzlich, in sich ruhend, alles und nichts erzählend, Worte, die sich herantasten an die Wortlosigkeit. Vielleicht ist das Schreiben selbst eine Wüste, eine Wildnis.

Es gibt Augenblicke der Harmonie, die einer glücklichen Fügung gleichkommen, dem Zufall, oder auch darüber hinausgehen, und bestimmte Zeiträume, in denen sich solche Momente dicht an dicht zusammenzudrängen scheinen. Sommer und Wüsten bieten hierfür scheinbar die besten Voraussetzungen. Ich weiß noch, wie ich im Great-Basin-Nationalpark im Schatten meines Pick-ups lag und die *Göttliche Komödie* las. Ich war fast mit den letzten Versen des »Paradieses« fertig, wo Dante sich dem Licht nähert und wie ein Rad geschwungen wird von der »Liebe, / die kreisen macht die Sonne wie die Sterne«, als ein Wagen neben mir hielt. Ihm entstieg der Franziskanerpater, der sich um die Penner in Las Vegas und den Frieden in der Wüste kümmerte, ein humorvoller Heiliger mit einem starken bretonischen Akzent, der direkt aus dem Paradies in jene Wüste gefahren zu sein schien, in der so viel an Dantes Dichtung gemahnte. Oder wie ich durch eine andere Wüste wanderte und an die Bird-Point-Pfeilspitze aus Obsidian denken musste, die ich im Vorjahr in jener Gegend gefunden hatte, und mir dann die cremefarbene Pfeilspitze aus Hornstein einfiel, die mir jemand in der Zwischenzeit geschenkt hatte, und während ich noch das Bild dieser Pfeilspitze vor mir hatte, blickte ich auf die Erde und sah ihr Zwillingsstück, eine zweite helle Pfeilspitze mit einem breiten Stiel, ein perfektes Pendant dreitausend Kilometer entfernt und sechs Monate später, ein so verblüffender Zufall, dass meine Vorstellung von Ursache und Wirkung einen ganzen Tag lang völlig durcheinandergeworfen war. Unzählige Male war es passiert, dass, wenn ich Hunderte von Kilometern gefahren war, um jemanden zu treffen, wir beide gleichzeitig an unserem fernen Ziel ankamen, dass das, wonach wir suchten, unerwartet auftauchte, dass zwei Menschen im selben Augenblick denselben Gedanken mit denselben Worten äußerten. Solche Momente scheinen zu bedeuten, dass man sich dem, was gerade erzählt wird, überlassen hat und lieber die Geschichte verfolgt, als zu versuchen, sie selbst zu erzählen, und dabei mit seiner kümmerlichen Stimme nur das Schicksal, die Natur, die Götter unterbricht und mit ihnen streitet.

Drei Jahre nach jenem Abend, an dem ich im Leben des Einsiedlers aufgetaucht war und er in meinem, war ich an einem strahlenden Hochsommertag früh aufgestanden in jener Hütte, von deren hinterem Schlafzimmerfenster man einen der spektakulärsten Ausblicke hatte, die ich je gesehen habe, und deren Küchenfenster auf einen Abhang ging, sodass ich, während ich den Wasserkessel füllte, einem jungen Baumwollschwanzkaninchen in die Augen blickte, das, da ich hinter der Scheibe nicht zu sehen war, überhaupt keine Angst hatte, sein Auge ein runder schwarzer Spiegel für Kreosotbusch und Fensterrahmen. Der ganze Vorgarten war an jenem Tag voller Baumwollschwanzkaninchen, und dann entdeckte ich eine riesige Gopherschildkröte, die herbeigewandert kam, um Kaktusfeigen zu futtern, als wären wir in die Fabel von der Schildkröte und dem Hasen hineingestolpert, deren Temperamente ich oft mit dem des Einsiedlers und meinem eigenen verglich, er so reserviert, bedächtig, geduldig, ich so schnell und nervös. Ich sagte dem Nachbarn und dem Einsiedler Bescheid, und sie kamen beide nach draußen und gaben, nach Männerart, vor, so große Schildkröten bereits gesehen zu haben. »Habt ihr schon mal eine größere gesehen?«, fragte ich, und sie verstummten und sahen dem Tier dabei zu, wie es sein schnabelähnliches Maul öffnete und langsam und bedrohlich ein Stück nach dem anderen aus dem Kaktus herausbiss. An dem Abend gingen wir die Katzen eines verreisten Bekannten füttern und sahen, als wir im Haus waren, wie die drei Tiere um eine Trauertaube herumpirschten, die blutig in dem großen Zimmer umherflatterte. Während ich die Katzen in Schach hielt, fing er die Taube. Sie verschwand in seinen Händen, was sie, bis wir draußen waren, zu beruhigen schien. Dann hob er die Hände in die Höhe, und die Taube flog in das letzte Licht hinein, lebendiger, als wir zu hoffen gewagt hatten.

Solch ein Idyll konnte nicht für immer währen. Eine Weile dauerte es bis in alle Ewigkeit, dann begann alles auseinanderzubrechen. Es gibt da keine Geschichte zu erzählen, denn eine Beziehung ist eine Geschichte, die man gemeinsam konstruiert und in der man sich dann niederlässt, eine Geschichte, die genauso viel Schutz bietet wie ein Haus. Du erfindest eine Geschichte darüber, wie eure beiden Schicksale dazu bestimmt waren, sich wie Kletterpflanzen auf einer Veranda ineinanderzuschlingen, du stellst dich auf einen großen Ausblick in die eine Richtung und keinen in die andere ein, auf den Türrahmen, unter dem du dich hindurchducken musst, und auf das Fenster, das klemmt, und wie du dich selbst siehst, hängt nicht zuletzt davon ab, wie du ihn siehst und er dich, ein Wolkenschloss, erbaut aus der feuchten Luft, die Träumer ausatmen. Es ist ein Schock, wieder draußen und allein zu sein, schwer, dir vorzustellen, dass du jemals wieder in einem anderen Haus leben könntest, groß, wo dieses Haus klein war, klein, wo es groß war, schwer, wenn dein Körper all die Biegungen und Windungen der Treppe kannte, sodass du sie im Schlaf hinauf- und hinuntergehen konntest, schwer, wenn du es von Grund auf selbst gebaut und dich dort zu Hause gefühlt hast, schwer, dir vorzustellen, noch einmal etwas zu bauen. Doch das Feuer, das es niederbrannte, hast du selbst angezündet.

Eine glückliche Liebe ist eine einzige Geschichte, eine zerbrechende Liebe zwei oder mehr miteinander konkurrierende, sich widersprechende Versionen, und eine zerbrochene Liebe liegt vor einem wie ein geborstener Spiegel, wo jede einzelne Scherbe eine andere Geschichte widerspiegelt, dass es wunderschön gewesen ist, dass es furchtbar gewesen ist, wäre es doch nur so, wäre es doch nur nicht so gewesen. Die Geschichten fügen sich nicht wieder zusammen, und das ist dann das Ende von Geschichten, jenen Utensilien, die wir wie Panzer und Schilder und Scheuklappen tragen und gelegentlich auch wie Landkarten und Kompasse bei uns führen. Nahestehende Menschen werden Spiegel und Tagebücher, in denen man seine Geschichte festhält, die Instrumente, die einem helfen, sich selbst zu kennen und an sich selbst zu erinnern, und umgekehrt tut man für sie das Gleiche. Verschwinden sie, gibt es auch keine Verwendung, kein Gefühl, kein Verständnis mehr für jene kleinen Anekdoten, Sprüche, Witze: Aus ihnen wird ein zugeschlagenes oder verbranntes Buch. Obwohl ich, als ich aus jenem Haus hinaustrat, verwandelt, stärker und selbstsicherer war und mehr Wissen bei mir trug, über mich selbst, über Männer, über die Liebe, über Wüsten und die Wildnis.

Die Geschichten zersplittern. Oder man nutzt sie ab oder lässt sie hinter sich. Mit der Zeit verliert die Geschichte oder die Erinnerung ihre Macht. Mit der Zeit wird man jemand anderes. Erst wenn der Honig zu Staub wird, ist man frei. Ich fuhr den Sommer über weg, zurück in die Wüste, in die ich hatte fahren wollen, als ich an dem Abend mit der Kängurumaus einen Umweg zu ihm machte, damals, vor all diesen Jahren. Ein gebrochenes Herz ähnelt ein wenig dem

Verliebtsein, so wie es alles auf eine bestimmte Art erglühen lässt, als sei der Geliebte beiseitegetreten und der Blick ruhe jetzt mit derselben Intensität auf all den Dingen, die jener nahe Mensch verdeckt hat. In dem kleinen Haus in der Wüste hatte sich auf einem der Fenster ein Insekt niedergelassen, eine Stabheuschrecke, und nachdem ich sie einmal gepiekst hatte, um sicherzugehen, dass es sich nicht um einen Halm Stroh handelte, gewöhnte ich es mir an, gelegentlich zu ihr zu sprechen, so umgänglich war sie. Eine Spinne, auf deren großem weißem Hinterleib ein Muster prangte, das einem dumm grinsenden Gesicht ähnelte, wohnte auf dem Dachvorsprung über der Tür, durch die ich treten musste, wenn ich schreiben wollte. Papierwespen bauten dort ihre Nester. Überall um dieses kleine Haus herum schlugen Feldheuschrecken ihre Flügel auf, schwarz, gelb und scharlachrot, im Flug bunt wie Schmetterlinge, beim Landen wieder unscheinbar braun. Hummeln landeten auf purpurfarbenen Sonnenhüten, die sich unter dem Gewicht halb zur Erde neigten. Ab und zu lief eine Samtameise vorbei, mit rotem oder gelbem Plüsch gepolstert, und sich leicht nach vorn neigende Schwarzkäfer hinterließen winzige Spuren im Staub.

Eidechsen gab es in Hülle und Fülle, und wenn sie die Fliegenfenster hinaufkletterten, freute ich mich wie immer an den azurfarbenen Streifen auf der Unterseite dieser Blaubäuche, wie wir sie nannten. Immer wieder ertranken welche in der Pferdetränke unter dem Regenabflussrohr, in der sie, wie Matrosen in einem viktorianischen Schiffbruchsgedicht, blass und glücklos umhertrieben. In der Ferne konnte man das Himmelsdrama von Sommergewittern sehen, gewaltige Wolkenansammlungen, die zeigten, wie weit und wie hoch der Himmel reichte, die sich aus geflockten weißen Kumuluswolken in tiefblaue Sturmwolken verwandelten und, wenn wir Glück hatten, Regen und Blitze und Lichtstrahlen und Kondensstreifen wie eine unbändige Erlösung herabwarfen.

Es war, als bestünde die ganze Welt aus dem winzigen, in nächster Nähe gelegenen Reich jener Tiere und den enormen Weiten des Himmels, als gäbe es mein eigenes Maß sowie den Mittelgrund nicht mehr – auch das gehört zum schlichten Luxus der Wüste.

Im Herbst fuhr ich in die Stadt zurück und begann, in Gedanken eine Geschichte zu entwerfen. Ich arbeitete damals bereits an einem Buch, sonst hätte ich sie niedergeschrieben. Jetzt ist sie so vermodert, wie es ein richtiges Buch sein könnte, das vergraben oder liegen gelassen wurde, und wenn ich an ihre Überreste denke, frage ich mich, von was für einer Witterung im Kopf solche Dinge derart zerfressen werden.

Alfred Hitchcocks Film *Vertigo – Aus dem Reich der Toten* wird manchmal als ein Liebesbrief an San Francisco beschrieben, obwohl der Film die Romanze zwischen dem Helden, einem ehemaligen Polizisten mit Höhenangst, und der Frau, die er beobachten soll, erzählt. Diese Frau ist angeblich Madeleine, eine reiche Erbin, die seinen alten Schulfreund Gavin Elster geheiratet hat. Elster heuert den Ex-Polizisten an, sie zu beschatten, und sagt in einem später aus dem Film herausgeschnittenen Monolog, als er sie nach San Francisco gebracht habe, sei sie

> wie ein Kind gewesen, das nach Hause zurückgekehrt war. Alles an der Stadt begeisterte sie: Sie musste auf sämtliche Hügel gehen, den Rand des Meeres erkunden, sich all die alten Häuser ansehen und durch die alten Straßen laufen, und wenn sie etwas sah, was sich nicht verändert hatte, was so war, wie es früher gewesen war, dann war ihre Freude so stark, so unbändig besitzergreifend! Diese Dinge gehörten ihr. Und trotzdem war sie noch nie hier gewesen ...

»Sie gehörte ihr«, sagte er über ihre Beziehung zur Stadt.

> Und dann, eines Tages, hat sie sich erneut verändert … und es ließ sich ein großer Seufzer über ihr nieder und ein Schleier legte sich über ihre Augen. Ich weiß nicht, was an dem Tag passiert ist, wo sie war, was sie sah, was sie tat. Doch an jenem Tag war die Suche vorüber. Sie hatte gefunden, was sie suchte. Sie war nach Hause zurückgekehrt. Und sie war von irgendetwas in der Stadt besessen.

Angeblich wird sie vom Geist ihrer lateinamerikanischen Vorfahrin heimgesucht, die einsam und geisteskrank starb, die betrogene Liebhaberin eines reichen Mannes aus San Francisco. Im Film trägt Madeleine einen blassgrauen Anzug, hat Haare, die so blond sind, dass sie fast weiß wirken, fährt einen grünen Jaguar, ist kühl, geheimnisvoll, eine flüchtige Erscheinung, der der Detektiv ständig folgen muss.

Und er folgt ihr zum Fuß der Golden Gate Bridge, wo sie sich in die Wellen stürzt, zum Palast der Ehrenlegion draußen am Lands End im wilden Nordwesten der Stadt, zu dem kleinen, überwucherten Friedhof neben der Mission Dolores und die Straßen der Innenstadt hinauf und hinunter, sodass zwar die Handlung erfunden ist, die Schauplätze jedoch nicht – ich kenne sie alle, obwohl der Film vor meiner Geburt gedreht wurde. Er fährt mit ihr zu einem Redwood-Wald, wo der Querschnitt eines gefällten Mammutbaums ein Abbild tiefer Zeit wird; sie deutet auf die Jahresringe aus dem 19. Jahrhundert und meint: »Hier wurde ich geboren« und »Hier starb ich«. Schließlich fahren sie zu einer anderen, entlegenen Mission, wo sie sich vom Glockenturm zu Tode stürzt, ehe er, der ja an Höhenangst leidet, ihr die Treppe hinauf folgen kann. Während er sich von seinem hieraus resultierenden psychischen Zusammenbruch erholt, lernt er eine laute Verkäuferin aus dem im Stadtzentrum gelegenen eleganten Kaufhaus Magnin kennen und geht, von ihrer Ähnlichkeit mit Madeleine fasziniert, mit ihr aus, kleidet sie ein statt aus und zwingt sie, immer mehr zu Madeleine zu werden. Zwischen Liebe und Entrüstung hin- und hergerissen, gibt sie nach. Als Judy dann das gleiche hellblonde Haar, den gleichen grauen Anzug trägt wie die erste Frau, der er gefolgt war, und sich leichtsinnigerweise eine Halskette umhängt, die jener Frau gehört hatte, wird ihm schließlich klar, dass sie Madeleine war beziehungsweise dass Madeleine nie existierte, dass er sich in einen Schemen verliebt und man ein doppeltes Spiel mit ihm getrieben hatte, um den Mord an der echten Mrs. Elster zu tarnen, die von dem Turm gestoßen worden war, den er mit seiner Höhenangst nicht erklimmen konnte. Der Plan war von Elster ausgeheckt worden, als die Verkäuferin seine Geliebte war, doch dann wurde sie fallen gelassen und wird jetzt, auf andere Art, von dem Detektiv, der beschließt, sie solle jemand anderes werden, nämlich eine Tote, ein zweites Mal fallen gelassen. Als er das falsche Spiel durchschaut, zwingt er sie, mit ihm zusammen auf die geländerlose Plattform des Glockenturms zurückzukehren, von dem Mrs. Elster zu Tode gestürzt worden war, und, erschreckt durch die schattenhafte Gestalt einer Nonne, die ihnen gefolgt ist, weicht sie zurück und stirbt ein zweites Mal.

Vertigo ist eine komplexe Tragödie, die manchmal mit Shakespeare verglichen wird, obwohl sie vielleicht eher dem Roman *Der große Gatsby* ähnelt, denn zum Teil begehrt der Detektiv sie aufgrund ihres vermeintlichen Adels, ihrer kühlen Ausweichmanöver, denen er bis an den Rand des Todes folgt – das Unerreichbare, das für Gatsby das grüne Licht am Ende von Daisys Landesteg ist und für Gatsbys Autor die unwiederbringliche Vergangenheit, die orgiastische Zukunft, die berühmte »frische grüne Brust« des Kontinents selbst. Es gibt in Paris spielende Romane, in denen die Liebe zu einer Frau und die Liebe zur Stadt zu ein und derselben Leidenschaft werden, obwohl es eine einsame Leidenschaft ist, bei der der Vollzug im Umherstreifen, Nachstellen und Heimsuchen besteht und eine echte Verbindung unvorstellbar ist. Das Gleiche trifft vielleicht auch auf *Vertigo* zu, dass nämlich Madeleine zu dem wird, was einer von San Franciscos schlechten Dichtern einmal »die kühle graue Stadt der Liebe« genannt hat, doch weder Held noch Heldin scheinen die Schauplätze, die die Kamera streichelt und sondiert, groß zu bemerken. Aus der Perspektive des Mannes erzählt, versinkt der Film in romantischem Nebel, doch aus der Perspektive der Frau geht es darum, zum Verschwinden gezwungen zu werden – nicht von der Spitze eines Turms, sondern im Alltagsleben, in dem zwei aufeinanderfolgende Liebhaber zum eigenen Nutzen jemand anderes aus ihr machen, eine recht weitverbreitete Tragödie.

Die meisten Krebsarten haben einen gänzlich gepanzerten Körper, doch der Hinterleib des asymmetrischen Einsiedlerkrebses wird normalerweise als weich und ungeschützt beschrieben. Sie lassen sich in Schneckenhäusern nieder, zum Beispiel in den leeren Gehäusen von Wellhorn- und Strandschnecken, und ihr Körper passt sich den Windungen ihrer neuen Behausung an, wobei sie sich mit den Greifhaken an ihrem Hinterleib in dem Gehäuse festkrallen, während sie mit den großen vorderen Scheren Nahrung suchen und sich gegen die Außenwelt verteidigen. Der Einsiedlerkrebs: Mit der einen Seite greift er zu, mit der anderen klammert er sich fest. Irgendwann ist er zu groß für sein Gehäuse, und dann kommt der riskante Augenblick der Häutung, wo er keine Behausung hat. Manchmal untersucht er ein neues Gehäuse, ehe er sich häutet, und wenn er nicht hineinpasst, zieht er sich ins alte zurück; manchmal verjagt er einen anderen Krebs aus einer vielversprechenden Behausung oder frisst eine tote Schnecke, um deren Gehäuse auszuleeren. Einsiedlerkrebse sind über den Meeresboden krabbelnde

Aasfresser. Oft zerren die Männchen ein Weibchen an einer ihrer Scheren durch die Gegend und wehren Rivalen ab, bis das Weibchen sich häutet. Erst wenn sie keinen Panzer hat, können sie sich paaren. Die winzigen Jungen treiben mit der Strömung mit, bis sie ein Stadium erreichen, wo sie auf den Meeresboden sinken und zu ihrem Schutz schnell selbst ein Gehäuse finden müssen – jetzt beginnt ihr Erwachsenenleben. Viele Liebesgeschichten ähneln den Panzern der Einsiedlerkrebse, auch wenn manche den Perlbooten ähnlicher sind, einer Nautilus-Art, deren gekammerte Schalen mit den Bewohnern mitwachsen und deren verlassene kleinere Schalen leichter als Wasser sind, weshalb sie auf dem Meer dahintreiben.

Rund ein Jahr zuvor hatte ich *Vertigo* noch einmal auf einer Großleinwand gesehen, und eine Szene tat es mir besonders an. In der ersten Szene stürzt der Polizist fast in den Tod, woraus sich seine Höhenangst entwickelt; in der zweiten befindet er sich in der Wohnung einer alten Freundin. Sie wohnt in einem Apartment, das voller Zeichnungen und Gemälde hängt und dessen Fenster einen weiten Blick über die Stadt freigeben, verdient ihren Lebensunterhalt damit, Dessous zu zeichnen, und nennt ihn Johnny, wohingegen er von allen anderen Scottie genannt wird. Während er faul herumsitzt, plaudert sie mit ihm und skizziert einen »revolutionären Büstenhalter«, der nach »dem Prinzip einer freitragenden Brücke« funktioniert: der Körper eine schwindelerregende Landschaft, die Brüste eine Golden Gate Bridge, von der man sich hinabstürzen kann. Midges Haare sind fast so blond wie Madeleines, doch ihre große Brille, ihre praktische Frisur und ihr Spitzname garantieren, dass sie nicht verführerisch wirkt. Ihre Stimme ist jedoch wie Vanilleeis, und als sich der Polizist über das Korsett, das er seiner Rückenverletzung wegen tragen muss, beklagt und überlegt, wie viele Männer so etwas wohl tragen, antwortet sie kühl:

»Mehr als du denkst.« Er setzt sich kerzengerade auf und fragt: »Weißt du das aus persönlicher Erfahrung?«, worauf sie lacht und das Thema wechselt.

Obwohl sie voller *jouissance* ist, wie die Franzosen es nennen, voller Sinneslust, kommt sie in dem französischen Roman, auf dem *Vertigo* basiert, gar nicht vor. Sie wurde von einem amerikanischen Drehbuchautor erfunden. Die meisten, die über diesen Film schreiben, scheinen zu vergessen, dass sie es ist, die, wie die Eingangsszene deutlich macht, die Verlobung mit dem Polizisten aufgelöst hat; allerdings scheinen es die Drehbuchautoren und der Regisseur in späteren Sequenzen, in denen sie zu einer sehr viel konventionelleren Figur voller trauriger, defätistischer Ergebenheit gegenüber Scottie wird, selbst zu vergessen. E. M. Forster unterscheidet zwischen flachen und runden Romanfiguren, wobei die flachen normalerweise die Nebenfiguren sind, doch *Vertigo* ist ein Film, in dem Tristan und Isolde wie Papierpuppen im Vordergrund durch die Szenen gleiten, während diese runde Figur nur diesen einen verblüffenden Auftritt hat. Sie lädt dazu ein, in eine andere als die im Film eingeschlagene tragische Richtung zu gehen, denn obwohl der Film in San Francisco verliebt ist, ist sie die einzige Figur, die die Möglichkeiten der Stadt wirklich auszuschöpfen scheint, und obwohl die Protagonisten getrieben werden von der Suche nach Lust und Befriedigung, scheint sie sich damit auszukennen. Ich begann also, mir eine Geschichte zu erzählen – hätte ich sie aufgeschrieben, wäre es ein Roman geworden –, und zwar über Midge.

Als ich neunzehn war, schrieb ich ein Theaterstück, und zwar ein schlechtes. Eine Frau heuerte einen Detektiv an, der ihren verschwundenen Partner finden sollte, und sämtliche Szenen spielten in ihrem Zimmer. Der Detektiv kam, aufgrund seiner Gespräche und Nachforschungen, verschiedentlich zu der Überzeugung, dass es den verschwundenen Mann nie gegeben habe, entweder weil sie geisteskrank war oder weil sie die Geschichte erfunden hatte, um ihn zu verführen, oder dass er irgendwie dieser Mann und selbst geisteskrank sei. *Lost and Found* nannte ich das Stück damals. Es handelte von Sehnsucht, von Betrug, davon, wie sie die Geschichte über etwas, was sie verloren hatte, dazu benutzte, etwas zu finden oder zu definieren. Auch andere literarische Erfindungen gingen mir zuweilen durch den Kopf, und manche Geschichten und Figuren baute ich jahrelang aus, doch letztendlich war das alles nicht meine Bestimmung. Sachliteratur scheint mir fotografischer Natur zu sein; sie stellt die gleiche Herausforderung dar, im durch die äußere Welt vorgegebenen Material Form und Struktur zu finden, und auch die gleichen ethischen Verpflichtungen dem Thema gegenüber. Die Belletristik hingegen erlaubt es einem, genau wie die Malerei, mit einer leeren Leinwand zu beginnen, obwohl mir, als ich begann, aus dieser Version von *Vertigo* eine Geschichte zu machen, die ich *Slip* nannte, wieder einfiel, was für eine Art von Wahrheit in der Dichtung steckt: die Wahrheit universeller Prinzipien und vielsagender Details, minutiöser Einzelheiten, die zusammengenommen Geschichten ergeben können, solange man Figuren um sie herum aufbaut. (In Essays sind Ideen die Protagonisten, und sie entwickeln sich oft ähnlich wie Figuren, bis hin zum überraschenden Dénouement.) In *Slip* hieß die Frau Margaretta – Midge war nur ein Spitzname aus ihrer Kindheit –, und mit dem Polizisten verband sie eine Kindheitsfreundschaft, aus der sie schließlich herauswuchs.

Sie zog durch eine Stadt, die ich bereits kannte, die Stadt der San Franciscoer Beatpoeten und Künstler, von denen mein erstes Buch handelte und deren *annus mirabilis* 1957 war, das Jahr, in dem *Vertigo – Aus dem Reich der Toten* gedreht wurde, mehrere Jahre vor meiner Geburt. Hitchcock zeichnete das Porträt einer geschlossenen Welt, einer Art Freud'scher Zwangsjacke blinder Sehnsucht, doch war die Stadt damals für andere Möglichkeiten weit offen, für den ersten Rausch einer neuen Ära, die geprägt war von halluzinogenen Drogen, esoterischen spirituellen Traditionen, experimentellen Filmen, einer wilderen, freieren, öffentlich deklamierten Dichtung, einer Collage- und Assemblagekunst, hergestellt aus dem Schutt der alten Gebäude, die damals abgerissen wurden, einer Beschäftigung mit dem Mysterium des Alltagslebens und zuweilen auch mit der Politik – Menschen, die Gemeinschaften aufbauten, in denen es eventuell möglich sein würde, eine andere Kultur hervorzubringen, eine andere Kunst, eine andere Ära. Margaretta scheint aus dieser anderen Welt in den Film zu treten; sie ist es, die den Eigentümer des Antiquariats Argosy kennt, der dem ehemaligen Polizisten die Geschichte der Stadt erzählt. Die Stadt mit der Buddha Bar und der Bar mit dem Namen Li Po in Chinatown, wo sich Drachen aus oxidierter Bronze an den Straßenlaternen emporwinden, mit den Gassen südlich der Market Street, die nach Prostituierten aus dem 19. Jahrhundert benannt sind, wo die Gebäude aufgrund des weichen Bodens und der vielen Erdbeben immer weiter absinken, sodass die Türstürze auf Augenbrauenhöhe liegen, mit all den Hügelkuppen, die sich aus dem Straßenraster der Stadt emporheben, sodass man von ihnen aus das Meer, die Bucht und die Berge jenseits des Wassers sehen kann, mit dem Abendnebel, der, sich überschlagend, an den Straßenlaternen vorbei gen Osten rollt, mit dem Jazz auf der Fillmore Street und dem verfallenen Vergnügungspark mit dem Fun House und Musée Mécanique und Spiegelkabinett draußen am Lands End, in der Nähe des Cliff House und der vorgelagerten Seal Rocks, die auf so vielen alten Fotos zu sehen sind, diese von Wildnis gesäumte Stadt, die sich durch die Fantasie geöffnet hat und deren Poetik jenen Film durchzieht.

Natürlich musste für eine Geschichte, in der Margaretta im Mittelpunkt statt am Rande stand, eine neue Handlung und ein neuer Schwerpunkt her, weshalb *Vertigo* für diese neue Geschichte allmählich in den Hintergrund rückte. Sie erzählte sie rückwärts, aus der Perspektive einer Malerin mit einer Tochter irgendwann in den Sechzigerjahren, bis zurück in ihre Kindheit, als sie zusammen mit dem Polizisten, dem Sohn ihrer Nachbarn, groß wurde, auf der San-Francisco-Halbinsel, die damals das »Valley of Heart's Delight« war, das »Tal der Herzensfreude« – riesige Obstplantagen und kleine Ortschaften –, und noch nicht Silicon Valley hieß. *Slip*: Ihre prüde Mutter, die ihr erzählte, ein Unterrock sei etwas, was einen nie jemand tragen sieht, was jedoch das äußere Erscheinungsbild dessen verändere, was alle sehen, Satinunterröcke mit Heckenlandschaften aus Blumen und Blättern auf dem Spitzenbund direkt auf der Haut. *Slip*: Die Dessous, die sie als architektonische Konstruktionen zeichnete, als Pendant zu Zugbrücken und Toren und Mauern in jenem großen Zeitalter der Mieder und Unterkleider und Korsette, und eine Entjungferungsszene, in der sie nicht über seinen nackten Körper schockiert war, sondern über ihren eigenen und die ganzen Abdrücke darauf, die all die Gummibänder und Nähte und Spangen im weichen Fleisch hinterlassen, die Geister der Leibwäsche. *Slip*: Judy, ein Dessousmodell und eine Verkäuferin bei Magnin, der Margaretta begegnete, als sie jene Dessous zeichnete, während Judy die ganze Zeit von sich erzählte und ihr ein paar Bemerkungen darüber entschlüpften, dass sie ein Verhältnis habe und mit wem, und Margarettas Entscheidung, sich nicht einzumischen, was vielleicht falsch war. *Slip*: Aus Büchern, die in der Buchhandlung Argosy in Kommission gegeben wurden, fielen kleine Zeichnungen, Malereien, Briefe, Telegramme, Quittungen und Postkarten, eine Autobiografie aus Lesezeichen, deren Spur Margaretta für den Antiquariatsbesitzer zum Neffen des Erben zurückverfolgte, aus dessen Nachlass die Bücher stammten. *Slip*: Der Maler, dem seine Karriere während seiner Internierung in einem Lager für japanischstämmige Amerikaner im Zweiten Weltkrieg wie Sand durch die Finger gerieselt war, und die Gemälde, unter anderem von der Landschaft der Lager und der Sierra Nevada. Der Neffe wurde ihr Lebensgefährte, und gemeinsam entdeckten sie die sich neu eröffnenden Möglichkeiten, er ein Dichter, der beim *San Francisco Chronicle* als Redakteur arbeitete, sie eine Malerin, die für ein Kaufhaus in der Innenstadt Dessous zeichnete, zwei Menschen, die aus ihren ursprünglichen Berufen herausgeschlüpft waren und jetzt Wörter und Körper ausputzten. Hineinschlüpfen, herausschlüpfen, schlüpfrig.

»Es gibt Menschen, für die gibt es nur eine Sonne am Himmel oder Dunkelheit, und dann gibt es welche, die leben in einer Nacht voller Sterne«, so lautete mehr oder weniger ihr erster Satz. In einer Bar sagte sie zu einem Ranger, mit dem sie gerade ein Verhältnis hatte:

> Was die Natur angeht, so bin ich in die Elementargewalten verliebt, ins Feuer und Wasser, in die Schwerkraft und die Verdunstung und die Eigenschaften des Lichts, und das alles gibt es in der Stadt genauso. Zum Beispiel wenn sich Sahne im Eiskaffee nach unten kringelt und Zigarettenrauch nach oben und die Eiswürfel in diesem Drink hier schmelzen. Ich weiß noch, wie ich als Mädchen in dem Garten hinter unserem Haus geschaukelt und Johnny einen Schrecken eingejagt habe – Johnny, der nebenan wohnte und, da er ein kleines bisschen älter war, dachte, er könne mich beaufsichtigen –, als ich am höchsten Punkt des Bogens absprang und mit meinem wie ein Fallschirm aufgebauschten Rock herabplumpste.

Sie schien an allem Spaß zu haben, schien überall in der greifbaren Welt eine diffuse Sinnlichkeit zu verspüren, in deutlichem Gegensatz zum Protagonisten, der ständig der konventionellen Vorstellung einer ewig aufgeschobenen Befriedigung nachjagte. Und so gab ich ihr Schwerkraft, dieses Gefühl, das Kinder unaufhörlich haben wollen, immer und immer wieder, schaukelnd, herumwirbelnd, die Peitsche schwingend. Ich weiß noch, wie mir ein Motorradfahrer einmal erzählte, auf welch unendlich subtile Art und Weise Rennfahrer ihren Körper einsetzen, um sich bei Höchstgeschwindigkeit in die Kurve zu legen, und welch unglaublichen Spaß es ihnen macht. Schwerkraft hat mit Bewegung zu tun, mit Gewicht, Widerstand, Kraft – nach den Berührungen, die wir auf der Haut spüren, die elementarste Erfahrung des Körperlichen überhaupt. Und so kann es sein, dass die Schwerkraft ein süßer Vorgeschmack auf die Sterblichkeit ist und auf unsere Kraft, ihr zu widerstehen, ein Schwelgen im Sog der Erde und dem ihm entgegenwirkenden Zug der Muskeln, in der Dynamik, die diese beiden Kräfte erzeugen, und darin, wie weit man gehen kann, genau wie Sex für Frauen die Möglichkeit sowohl der Fortpflanzung als auch der Vernichtung birgt.

Der Film handelt von der Angst vor der Schwerkraft und vor dem Aufstieg; aus beidem machte ich ein Vergnügen für Margaretta. So wie in *Vertigo* alles herabfiel, lebte sie im Aufwind. Größtenteils legte ich ihr Versatzstücke über die sinnliche Welt in den Mund, und an sie kann ich mich auch noch erinnern:

> Was das Straßenraster dieser Stadt angeht, so hatte ich in den Obstplantagen auf der Halbinsel bereits gelernt, was für eine Freude die Geometrie machen kann, wie man sich bewegen musste, damit die diagonalen Linien durch die Pflaumenbäume verschwanden und eine Minute später von geraden Linien abgelöst wurden, und wenn man an ihnen vorbeifuhr, sah man jede Allee nur einen kurzen Augenblick lang, ehe schon die nächste in der Unmenge von Bäumen auftauchte, und ich mochte es, wie die nahe stehenden

> Bäume viel schneller als die weit entfernten an einem vorbeihuschten, als befände man sich auf dem Rand eines Kreises statt in seinem Mittelpunkt, als sei der Mittelpunkt der Erde immer nahebei, aber man selbst drehte sich auf ihrer Peripherie mit wie eine Fliege auf einer Schallplatte, obwohl die Straße schnurgerade war. Perspektivestunden, wie im Zeichenunterricht, obwohl man uns diese Regel nie beigebracht hat.

Und, später, über einen Mann:

> Ich kann mich nicht mehr an sein Gesicht erinnern, aber jeder Mann, der mich berührt hat, hat einmal eine Geste gemacht, die nie richtig zu Ende geführt wurde; von einem kann ich noch den Unterarm auf meinem Bauch spüren, während er in einem See von hinten an mich heranschwamm, von einem anderen den groben Kuss in meine geöffnete Hand, und manchmal denke ich, vielleicht gibt es so einen Apparat wie die Röntgengeräte, mit denen man sich in Schuhgeschäften die Füße der Kunden ansieht, einen Apparat, der diese unauslöschlichen Abdrücke sichtbar macht, eine ganze Reihe von Spuren, das Gegenteil von blauen Flecken, auf mir und um mich herum, und ich gehe in jene Erfahrungen gekleidet durch die Welt, wir alle tun es.

Sehr viel mehr weiß ich nicht mehr von diesem Buch, das früher einmal so komplett in meinem Kopf zu existieren schien, obwohl ich mich nicht dazu durchringen konnte, auch nur ein Wort aufzuschreiben, da ich nicht damit anfangen wollte, ohne es auch zu Ende zu führen. Die Handlung, die Figuren, der Dialog, das alles ist mir mehr oder weniger nur noch in groben Umrissen präsent. Ich weiß, dass Margaretta und der Redakteur durch die Stadt mit ihren Bars zogen, Künstlerpartys besuchten, über Berufe diskutierten und schließlich in die Berge gingen. Der entscheidende Ausflug begann mit seinem Wunsch, sich die Gedichte zurückzuholen, die er in einer Dose in der Nähe von Manzanar vergraben hatte, dem in der östlichen Sierra Nevada gelegenen trostlosen, während des Zweiten Weltkriegs betriebenen Internierungslager für japanischstämmige Amerikaner mit dem herrlichen Blick auf die hohen Berggipfel. Doch als sie dort eintrafen, war ihm klar geworden, dass seine Berufung nicht in der Vergangenheit begraben sein würde. Ein paar Bergsteiger, denen sie in einem Restaurant in Big Pine begegnet waren, hatten sie eingeladen, mit ihnen auf den nahen Mount Whitney zu steigen, den höchsten Punkt des ganzen Kontinents zwischen Mexiko und Kanada, und im letzten Augenblick verließen sie Manzanar und nahmen die Einladung an.

Teiresias' seltsames Schicksal begann, als er in der Wildnis zwei Schlangen bei der Paarung beobachtete. Er schlug sie mit einem Stock und wurde in eine Frau verwandelt. Sieben Jahre später sah er erneut zwei sich paarende Schlangen, schlug sie und wurde wieder zum Mann. Da er sowohl ein Mann als auch eine Frau gewesen war, baten ihn die Götter, einen Streit darüber zu schlichten, welches Geschlecht beim Sex mehr Spaß empfindet, und als er sein Votum für die Frauen abgab, schlug ihn die erboste Hera mit Blindheit. Zum Ausgleich verlieh Zeus ihm die Gabe, in die Zukunft zu sehen, und er wurde ein berühmter Prophet. In einer anderen Version wurde er mit Blindheit geschlagen, weil er Athene beim Baden gesehen hatte, doch als Entschuldigung nahm sie die Schlange von ihrem Brustschild und ließ sie seine Ohren säubern, damit Teiresias die Sprache prophetischer Vögel verstehen würde. Teiresias ist es, der Ödipus erzählt, welche Verbrechen dieser begangen hat und weiterhin begeht, der diesem Kreislauf mit der Blindheit und dem Exil des Ödipus ein Ende bereitet, und im *König Ödipus* hat er seinen großen Auftritt. Dieser Prophet, der trotz seiner Blindheit sehen kann, während Ödipus, ob blind oder nicht, überhaupt nichts sieht, ist sehr viel interessanter als Ödipus, dessen Welt sich klaustrophobisch um ihn herum schließt, sodass der Fremde, den er tötet, sein eigener Vater, die Königin, die er heiratet, seine Mutter ist. Teiresias' Geschichte ist keine Tragödie, kein Knoten verschiedener Charaktereigenschaften, der erst durch den Tod und das Exil aufgeschnürt wird, sondern eine Romanze, die ein so weites Terrain durchquert, dass darin Tiere, Götter, Fremde und Verwandlungen Platz haben. Der Begriff »Romanze« meinte einmal diese Art von suchender Reise – »gew. heroisch, abenteuerlich oder geheimnisvoll«, laut meinem Wörterbuch. Diese ältere Bedeutung legt nahe, dass Romanzen im anderen Sinne des Wortes – »(3): eine Liebesgeschichte« – ebenfalls den Raum und das Begehren durchqueren sollten. Die Komödie, sagte Aristoteles, endet mit der Hochzeit, doch da eine Hochzeit etwas anderes ist als ein Ende, währt die Romanze, in einer oder in beiden Wortbedeutungen, fort, oder sie gleitet ebenfalls in eine Tragödie ab. Margaretta – ja sogar eine unveränderte Midge – ist der Teiresias des Films *Vertigo*.

Ich schickte die beiden also den Mount Whitney hoch, doch was haben sie dort gesehen? Ich selbst hatte den Berg damals noch nicht bestiegen. Inzwischen bin ich allerdings oben gewesen. Der normale Weg führt von einer hoch am Osthang entlanglaufenden Straße hinauf. Je höher man kraxelt, desto weiter wird der Blick gen Osten. In rund dreitausend Meter Höhe blickt man über das breite Tal zwischen der Sierra Nevada und dem ersten Gebirgszug der White Mountains. Ist man eine Stunde oder mehr geklettert, blickt man über diese Bergkette hinweg zur nächsten, und die Wüstenlandschaft wird immer größer, bis man schließlich über ein

Becken, eine Bergkette, ein weiteres Becken und eine weitere Bergkette hinwegschaut, weit hinein in die fernen Tiefen von Nevada. Es wird einem klar, dass es sehr viel mehr Terrain gibt, als man je durchqueren kann, ganz egal, wie weit man kommt. Über das Bergsteigen wird immer gesprochen, als sei das Erklimmen irgendwelcher Gipfel eine Eroberung, doch je höher man kommt, desto größer wird die Welt und man selbst fühlt sich im Verhältnis dazu kleiner, überwältigt und befreit angesichts des weiten Raumes, der einen umgibt, des weiten Raumes, in dem man umherstreifen kann, des weiten Unbekannten. Den ganzen Tag hat man sich den Berg hinaufgequält und nur die Steigung vor sich gesehen, auf jedem Wegstück, in den Serpentinen, in den Kieferwäldern und darüber, und der Blick hinter einem hat sich allmählich geweitet, nach Norden, Süden, Osten. Manchmal lenken Vögel, Bäume, die Steine unter den Füßen unsere Aufmerksamkeit auf das Nahegelegene, manchmal blickt man direkt auf den vor einem liegenden Steilhang, doch eine Wegwindung oder eine Pause lässt einen wieder die sich in diese drei Richtungen erstreckende Weite sehen, und dann setzt man den Weg fort, einen unendlichen Mantel aus Luft über dem Rücken. Schließlich, knapp viertausend Meter über dem Meer, erreicht man nicht den Gipfel, der gar keine solch dramatische Veränderung darstellt, sondern den Kamm. Whitney ist lediglich der höchste Punkt einer langen Gebirgskette. Noch während man auf den Grat steigt, taucht plötzlich die Welt im Westen vor einem auf, eine enorm weitflächige Landschaft, sogar noch wilder und abgeschiedener als der Osten, eine Überraschung, ein Geschenk, eine Offenbarung. Die Welt wird doppelt so groß. Etwas Ähnliches geschieht, sobald man jemanden wirklich sieht, und wenn dem tatsächlich so ist, dann ist das einer der Gründe dafür, dass in *Vertigo* alle ständig fallen. Im Mittelpunkt von *Slip* stand nicht das Fallen, nicht eine Tragödie, sondern lediglich eine Bewegung in diese Weite hinein.

Das Blau der Ferne

Denke ich an den Künstler Yves Klein, dann denke ich an die Absolutisten ein oder zwei Generationen vor ihm, diejenigen, die spurlos verschwanden, an den Boxer und dadaistischen Dichter Arthur Cravan, der 1918 aus Mexiko abreisen sollte, um seine neue Frau in Argentinien zu treffen, jedoch nie mehr gesehen wurde; an Everett Ruess, den Bohemien, der vielleicht Künstler oder Schriftsteller geworden wäre, wäre er nicht 1934, im Alter von zwanzig Jahren, in den Cañons von Utah verschwunden, wo er eine letzte, in einen Felsen geritzte Signatur hinterließ: »NEMO« oder »NIEMAND«; an die Pilotin Amelia Earhart, die 1937 über dem Pazifik verschwand; an den Piloten Antoine de Saint-Exupéry, der mehrere Juwelen von Büchern hinterließ, ehe auch sein Flugzeug 1944 über dem Mittelmeer verschwand. Sie alle trugen die Bürde sowohl des Wunsches, in die Welt zu treten, als auch des Wunsches, so weit wie möglich zu gehen, was dem Willen zu verschwinden gleichkam. Ihrem Ehrgeiz lag der Wunsch zugrunde, die Welt so umzugestalten, wie sie sein sollte; doch ihrem Verschwinden lag der Wunsch zugrunde, so zu leben, als sei sie bereits umgestaltet worden, sich selbst neu zu erfinden als einen Helden, der nicht nur in den Himmel, das Meer, die Wildnis verschwand, sondern auch in eine Vorstellung vom Selbst, in die Legende, in die Gipfel der Möglichkeiten.

Klein, der von den grandiosesten Ambitionen und den mystischsten Neigungen überkommen wurde, der mit zwanzig behauptete, den Himmel als sein eigenes Kunstwerk signiert zu haben, der vom Fliegen, von der Levitation und vom Immateriellen genauso besessen war wie vom Himmel und der ihn kennzeichnenden Farbe Blau, liebte die Legende vom Heiligen Gral, eine weitere Geschichte des Verschwindens, da diejenigen Ritter, die sich auf der Suche nach dem Gral befinden und rein genug sind, seiner Segnungen teilhaftig zu werden, nicht mehr zurückkehren. Lediglich die Sünder, die Unvollkommenen, die unvollständig Verwandelten kehren mit Geschichten zurück. Yves Klein wurde 1928 in Südfrankreich als Kind eines Künstlerehepaars geboren, doch seine großbürgerliche Tante Rose trug mehr zu seiner Ausbildung bei als die beiden mittellosen, unsteten Maler, und sie war es auch, die so viele seiner Projekte finanzierte. Noch als Säugling stellten sie und ihre Mutter ihn unter den Segen der Hl. Rita von Cascia, der Schutzheiligen für aussichtslose Anliegen, und als Erwachsener unternahm Klein, der es schaffte, ein Avantgardekünstler und gleichzeitig ein mittelalterlicher Mystiker zu sein, selbst vier Wallfahrten zum Schrein dieser Heiligen in Italien. Oder zumindest als ausgewachsener Mann, denn in mancher Hinsicht scheint er nie ganz aufgehört zu haben, ein Kind zu sein, verwöhnt, launisch, unduldsam gegenüber Einschränkungen, aber auch gesellig, großzügig, verspielt und fantasievoll.

Zwei Dinge hatten großen Einfluss auf sein Leben, und zwar beide in dem Jahr, in dem er neunzehn wurde. Einmal die *Kosmo-Konzeption* von Max Heindel, die Bibel des Rosenkreuzerordens, die er im Verlauf der nächsten zehn Jahre immer wieder lesen sollte. Drei oder vier Jahre lang erhielt Klein wöchentlich Lektionen von der Gesellschaft der Rosenkreuzer in Oceanside, Kalifornien, zugeschickt. Im Chaos des Krieges und angesichts ihres eigenen Wanderlebens hatten seine Eltern es zugelassen, dass er schon in jungen Jahren oft die Schule schwänzte, und so scheint seiner Faszination für dieses eine Buch etwas von der intensiven Hinwendung desjenigen anzuhaften, der intellektuell nicht ausreichend stimuliert wird und sich daher sehr stark zu einer bestimmten Quelle, einer bestimmten Anschauung hingezogen fühlt. Die Rosenkreuzer, eine mystische christliche Sekte mit Wurzeln im Mittelalter, stellten die Welt in utopischen und alchemistischen Kategorien dar. Für Heindel waren Form und Materie Einschränkungen und Hindernisse für die Freiheit und Einheit des reinen Geistes, und Klein sollte später eine die Formlosigkeit und das Immaterielle verkörpernde Kunst entwickeln. Während des ersten Jahres seiner Rosenkreuzerstudien, als seine Freunde Claude Pascal und Armand Fernandez (der später als der Künstler Arman bekannt wurde) sich ihm anschlossen, versuchten die jungen Männer, ein asketisches Leben zu führen: Sie meditierten, fasteten und wurden Vegetarier, hörten jedoch gleichzeitig Jazz, tanzten den Jitterbug (auf einem Bild sieht man, wie ein milchgesichtiger Klein ein Mädchen über seinen Schultern durch die Luft wirbelt) und brachen gelegentlich ihre Keuschheitsgelöbnisse. Eines Tages teilten sie die Welt untereinander auf: Einem Bericht zufolge sollte Arman die Tiere bekommen, Pascal das Reich der Pflanzen, und Klein erhob Anspruch auf den Himmel. In seiner Vorstellung war er auf die Rückseite des Himmels gereist – »die Seite, wo es keine Vögel gibt, keine Flugzeuge, keine Wolken, nur reinen, nicht reduzierbaren Raum«, schreibt der Kunstkritiker Thomas McEvilley – und hatte ihn signiert. Und auch seine Ambitionen kannten keine Grenzen.

Der andere große Einfluss war Judo, das er im gleichen Jahr zu trainieren begann. Er hatte ein Talent dafür, und die Art und Weise, wie dieser asiatische Kampfsport sowohl mystische Disziplin als auch kämpferische Kraft verlieh, sprach ihn an. Vielleicht verzauberte ihn aber auch die Vorstellung, dass man beim Judo lernt, durch die Luft zu fliegen und unverletzt zu landen sowie andere auf diese Weise durch die Luft zu befördern. Mehrere Jahre lang betrachtete er Judo als das Gebiet, auf dem er es zu höchsten Ehren bringen würde, und träumte davon, auf einem Pferd quer durch Asien bis nach Japan zu reiten, um die Kampfkunst dort zu studieren. Allerdings fuhr er dann doch, obwohl er in Irland drei Monate den Umgang mit Pferden und das Reiten gelernt hatte, mit dem Schiff – eine von seiner Tante bezahlte Reise – nach Japan. Von seiner Tante Rose finanziell unterstützt, verbrachte er fünfzehn Monate dort und konzentrierte sich, obwohl er begonnen hatte, kleine monochrome Bilder zu malen und seine eigenen Werke wie auch die seiner Eltern auszustellen, mehr und mehr aufs Judo. Klein wollte den Schwarzen Gürtel vierten Grades erhalten, was in Europa bis dahin nur wenige geschafft hatten, die Europameisterschaft gewinnen und den französischen Judoverband beherrschen. Er trainierte intensivst, wobei er seine Energie durch seinerzeit in Japan und Frankreich noch legale Amphetamine steigerte, Drogen, die seinen Charakter für den Rest seines Lebens geprägt zu haben scheinen: Er war ein ruheloser Mensch, voller Energie, an Schlaflosigkeit leidend, unberechenbar und grandios. Aufgrund seines Talents, enormer Anstrengungen und einer kleinen Manipulation wurde ihm der Schwarze Gürtel vierten Grades verliehen, worauf er per Schiff nach Frankreich zurückkehrte, doch trugen seine Bemühungen dort nicht die erwarteten Früchte (und dies ist die letzte Bedeutung des Verlierens: einen Wettkampf verlieren, à la »Die Giants haben die World Series verloren«). Und so begann seine Künstlerlaufbahn.

Allerdings hatte er zu Beginn dieser Laufbahn schon eine Art Gipfel erreicht. Seine Arbeiten verlangten zwar keine großen technischen Fertigkeiten, doch eine hervorragende Kenntnis der Welt der Ideen und der Kunst, und die besaß er bereits. Die Rosenkreuzer vertraten eine bestimmte Farbenlehre, und Klein machte sich ihre Vorstellungen von reinen Farbreichen und Farbe als spirituellem Reich zunutze und begann seine Monochrome. Obwohl er seine Leinwände anfangs sowohl orange als auch blau bemalte und sich schließlich für die Dreiheit von Blattgold, einem satten Rosa und einem intensiven Blau entschied, war es das Blau, das ihn am meisten beschäftigen und definieren sollte, das Blau der großen Mehrzahl seiner malerischen Arbeiten. Blau, die Farbe, die den Geist, den Himmel und das Wasser verkörpert, das Immaterielle und das Ferne, sodass es dabei, egal wie greifbar und nah es ist, immer um Distanz und Entkörperlichung geht. Bereits 1957 benutzte er dann ausschließlich diese Farbe, ein reines Ultramarinpigment, vermischt mit einem Kunstharz, das, im Gegensatz zu den meisten Bindemitteln, die Intensität dieser tiefen, pulsierenden Farbe nicht abschwächte.

Diese Farbe ließ sich Klein dann unter dem Namen IKB – International Klein Blue – patentieren. (Und er erkannte und feierte das Monomanische an seiner Produktion von Hunderten von Gemälden in der gleichen Farbe, seiner Komposition einer Symphonie aus nur einem Ton, seiner Vorliebe für die Parabel von einem Flötenspieler, der jahrelang lediglich einen einzigen Ton spielte – aber den richtigen, den schönen, den Ton, der die Geheimnisse erschloss.) »Mit diesem Blau«, schreibt ein Kritiker, »fühlte Klein sich endlich in der Lage, sein persönliches Lebensgefühl künstlerisch zum Ausdruck zu bringen, als ein autonomes Reich, dessen Pole die unendliche Distanz und die unmittelbare Gegenwart waren.« Klein behauptete, seine blauen Arbeiten läuteten den Beginn der *époque bleu* ein, der Blauen Epoche, und diesen Titel trug auch seine erste bedeutende Einzelausstellung. Sie fand 1957 in Mailand statt und zeigte elf blaue Tafeln, alle ohne besondere Merkmale, alle gleich groß, alle unterschiedlich teuer – so agierten die Arbeiten im empyreischen Reich der Ideen und wirkten in der Welt des Handels als Subversion. Als die gleiche Ausstellung in Paris eröffnet wurde, stiegen 1001 blaue Luftballons in den Abendhimmel.

Die blauen Gemälde waren sowohl Objekte, die angefertigt und verkauft werden konnten, als auch Fenster in die grenzenlosen

Reiche des Geistes. Doch führten auch direktere Wege zu diesen Reichen. Für seine zweite Pariser Ausstellung, *Le Vide*, räumte er die kleine Galerie völlig leer und machte sie gründlich sauber. Nach seinem ersten Besuch am Schrein der Hl. Rita – »Ich glaube, diese Ausstellung der Leere ist ziemlich gefährlich« – hatte er die Galerie in zwei Tagen mit einem reinen Weiß ausgemalt, während er im Geist die immateriellen Kräfte herbeirief. Diese beschrieb er als einen »Zustand malerischer Sensibilität« in den

> Grenzen eines Ausstellungsraums für Gemälde ... Mit anderen Worten, die Schaffung einer Atmosphäre, eines wirklichen malerischen Klimas, das folglich unsichtbar ist. Dieser unsichtbare malerische Zustand im Raum der Galerie wird so präsent und erfüllt von autonomem Leben sein, daß er buchstäblich zu dem wird, was bisher als die beste Definition der Malerei betrachtet werden kann: »Leuchten«.

Es kamen zwei- bis dreitausend Besucher; am Eingang waren Republikanische Garden stationiert, die normalerweise nur hohe Würdenträger schützten, und auch Polizei und Feuerwehr waren wegen der Menschenmenge erschienen; es war eine höchst erfolgreiche Veranstaltung, wobei fraglich bleibt, was die Besucher in der leeren Galerie eigentlich zu sehen glaubten: Albert Camus schrieb ins Gästebuch »Avec le vide, les pleins pouvoirs« (»Mit der Leere die volle Macht«), ein Wortspiel mit den Begriffen der »Leere« und der »Fülle«. Der blaue Farbstoff in den Cocktails, die zur Eröffnung serviert wurden, führte dazu, dass die Gäste, die davon getrunken hatten, noch Tage später blau pinkelten.

Bei dieser Ausstellung verkaufte Klein zwei immaterielle Bilder, woraufhin er rituelle Regeln für den Verkauf des Zugangs zum Immateriellen festlegte: Der Preis für eine *Zone immaterieller malerischer*

Sensibilität war in Gold zu entrichten; die Hälfte musste er, um es dem Leben zurückzugeben, sofort »ins Meer oder einen Fluß werfen, oder an irgendeinen Ort in der Natur verbringen, wo dieses Gold von niemandem mehr zurückgeholt« werden konnte. Um das Ritual des Verschwindens und Loslassens zu vervollständigen, mussten die Käufer die Quittungen, auf denen ihr Name und die Einzelheiten des Kaufs verzeichnet waren, verbrennen, sodass ihnen am Ende überhaupt nichts mehr blieb. Mehrere *Zonen* wurden verkauft. Kleins Arbeiten nahmen viele der Konzepte und Gesten von Kunstbewegungen voraus, die damals noch gar nicht geboren waren, beispielsweise die der Konzeptualisten, der Minimalisten, der Performancekünstler und der Fluxus-Bewegung. Sein *Sprung in die Leere* von 1960, in gewisser Weise der Höhepunkt seines künstlerischen Schaffens, war in vieler Hinsicht seine typischste Arbeit, da sie die erhabenste Geste der Transzendenz mit einem Schelmenstreich, einem Trick und der Eigenwerbung verband.

Ein Blatt in Waldseemüllers Weltkarte von 1513 stellt den mittleren Atlantik, Spanien und die westliche Ausbuchtung Afrikas erkennbar dar, doch die obere rechte Schulter Südamerikas ist nichts weiter als eine Küstenlinie voller klein gedruckter Namen und Flussmündungen, und quer über dem heutigen Venezuela und Brasilien prangt der sehr viel fetter gedruckte Schriftzug »Terra incognita«, unbekanntes Land. Auf alten Karten sieht man diese Bezeichnung oft – selbst einer meiner Atlanten aus dem Jahre 1900 bezeichnet einen Teil des Amazonas als »unerforscht« –, heute findet man sie jedoch nur noch selten. Zwischen den Wörtern ist Stille, um die Druckerschwärze herum Weiße, hinter den Informationen einer jeden Karte das, was ausgelassen wurde, das Unkartierte und Unkartierbare. Einer jener detaillierten Atlanten eines Kreises oder Bundesstaates, der die Ethnizität, das Ausbildungsniveau, die Hauptanbaugebiete und den Prozentanteil der im Ausland geborenen Bürger kartografisch darstellt, macht klar, dass jede Gegend auf unendlich vielfältige Art und Weise kartiert werden kann, dass Karten höchst selektiv sind. Von Las Vegas erscheint jeden Monat ein neuer Stadtplan, da der Ort so schnell wächst, dass das Straßenverzeichnis für die Lieferdienste ständig aktualisiert werden muss, und auch das ruft uns in Erinnerung, dass Karten ihrem Gegenstand nicht vollkommen entsprechen können, dass selbst eine bis hin zu den Grashalmen exakte Karte ungenau werden würde, sobald das Gras abgeweidet oder niedergetrampelt ist. Es ist unmöglich, den Great Salt Lake mit einem hohen Maß an Genauigkeit zu kartieren, da er in einem flachen Becken ohne Abfluss liegt: Schon die kleinste Veränderung des Wasserstands führt zu einer erheblichen Veränderung der Küstenlinie.

Jorge Luis Borges schrieb eine Parabel über Kartografen, die von einem namenlosen Reich im Laufe der Zeit eine Karte im Maßstab 1:1 erstellen. Doch selbst im Maßstab 1:1 wäre eine zweidimensionale Karte nicht geeignet, die Seinsebenen eines Ortes, seine vielen Erscheinungsformen, darzustellen. So erfassen beispielsweise die Karte der gesprochenen Sprachen und die Karte der Bodenarten dieselbe Gegend auf unterschiedliche Weise, genau wie der Freudianismus und der Schamanismus dieselbe Psyche unterschiedlich beschreiben. Keine Darstellung ist vollständig. Es gibt eine weniger bekannte Geschichte von Borges, in der ein Dichter einen riesigen, komplexen Kaiserpalast so perfekt beschreibt, dass der Kaiser wütend wird und ihn als einen Dieb betrachtet. In einer anderen Version verschwindet der Palast, als das Gedicht ihn ersetzt. Das beschreibende Gedicht ist die perfekte Karte, eine Karte, die mit dem Territorium identisch ist, und so erinnert diese Parabel an eine andere alte Geschichte über einen gefangenen Maler, der auf Geheiß des Kaisers von China eine so wunderschöne Landschaft malt, dass es ihm gelingt, in ihre Tiefen zu entfliehen. Diesen Parabeln zufolge ist jegliche Darstellung unvollständig, denn sonst wäre es keine Darstellung, sondern eine Art von gespenstischem Doppel. Doch die Terra-incognita-Flächen auf Landkarten besagen, dass auch das Wissen eine von Meeren des Unbekannten umgebene Insel ist. Sie besagen, dass die Kartografen wussten, dass sie etwas nicht wussten, doch das Bewusstsein des Unwissens ist nicht nur Unwissen; es ist ein Bewusstsein der Grenzen des Wissens.

Jean-Baptiste Bourguignon d'Anville, ein französischer Kartograf des 18. Jahrhunderts, erklärte: »Falsche Vorstellungen zu zerstören ist, selbst wenn man nichts weiter tut, einer der Wege, das Wissen voranzubringen.« Das Unbekannte zur Kenntnis zu nehmen ist Teil des Wissens – als Terra incognita ist das Unbekannte sichtbar, als etwas Selektives jedoch unsichtbar: Die Karte, auf der landwirtschaftlich genutzte Flächen sowie größere Städte verzeichnet sind, zeigt weder Erdbeben-Störungszonen noch Grundwasserschichten und umgekehrt. Rund hundertfünfzig Jahre nach Christus baute ein Grieche namens Krates von Mallos einen Globus, wobei er von der Theorie ausging, dass die Erde vier Kontinente habe, von denen drei unbekannt seien. Ungefähr zur gleichen Zeit schuf Ptolemäus den Atlas, der während der nächsten tausendfünfhundert Jahre das Standardwerk der Weltgeografie sein sollte. So schrieb ein Kartenhistoriker:

> Ptolemäus rückte von der damals üblichen griechischen Vorstellung von der bewohnten Welt ab. Er gab die Idee von einer von Wasser umgebenen Welt (in dem beschränkten Sinne, in dem Homer sie benutzt hatte) auf, diese Idee von einem relativ nahe gelegenen, alles umfließenden »okeanos«. Stattdessen erkannte er die Möglichkeit und Wahrscheinlichkeit einer Terra incognita jenseits seiner

willkürlich gezogenen Grenzlinien. Mit anderen Worten, er ließ die Frage für weitere Untersuchungen offen.

Vor Krates von Mallos und Ptolemäus stellten Karten eine von Wasser umgebene bekannte Welt dar, und die Selbstzufriedenheit, die die Vorstellung begleitet haben muss, dass die Welt, wie es der englische Seefahrtsbegriff ausdrückt, »encompassed« war, das heißt in allen Richtungen der Kompassnadel von Wasser eingefasst, entspricht wohl unserer eigenen Selbstgefälligkeit, die es äußerst unwahrscheinlich erscheinen lässt, dass man auf heutigen Weltkarten die Wörter »Terra incognita« findet.

Auf Sebastian Cabots Karte der beiden amerikanischen Kontinente aus dem Jahre 1544 sind ganz Südamerika sowie Mittelamerika und die Ostküste Nordamerikas dargestellt. Es ist eine wunderschöne Karte im Stil der damaligen Zeit: Dunkle Menschen so groß wie ganze Länder durchqueren den südlichen Kontinent, zwei Eisbären, weit größer als Kuba und Haiti, gehen auf dem nördlichen Kontinent in die entgegengesetzte Richtung, nach Westen, und die Landmassen sind gesprenkelt von Grasbüscheln, die selbst Bergketten winzig erscheinen lassen würden. Die Westküste löst sich jedoch dort, wo Kalifornien beginnt, ins Nichts auf. Nördlich von Baja California hört die Linie einfach auf, als sei die Welt dort noch nicht erschaffen worden, als sei dort weder Land noch Wasser, als sei der Schöpfer mit diesem Teil der Erde noch nicht fertig, als hätten sich dort die Materie und die Gewissheit gemeinsam aufgelöst – und über diese nicht kartierte Fläche erstrecken sich die beiden Wörter »Terra incognita«. Auf einer zwei Jahre später gezeichneten Karte von Gastaldi passt Asien wie ein Puzzlestück direkt in die Leere des nordamerikanischen Westens hinein, sodass es aussieht, als könnte man ohne Umweg über den Norden von Tibet direkt bis nach Nevada (das noch nicht benannt oder markiert ist) gehen. Über den ganzen Kontinent sind seltsame raupen- oder wolkenähnliche wollige Gebilde verstreut, und vom Rand der runden Erde steigen weitere Dampfwolken empor. Der eigentliche Pazifik taucht erst auf späteren Karten auf, manchmal mit der mythischen Insel Java, die sehr viel größer ist als die Insel, der dieser Name schließlich aufgebürdet wurde. Brasilien, der Amazonas und Kalifornien sind ebenfalls Namen imaginären Ursprungs. In jenem Pazifik wurde Kalifornien lange als eine riesige, der Westküste Nordamerikas vorgelagerte Insel dargestellt, während die Nordwestküste des Kontinents unkartiert blieb – für die die Welt kartografierenden Europäer eine der letzten weiten Terrae incognitae.

Sich vorzustellen, dass man etwas weiß, das Unbekannte mit Projektionen zu bevölkern, ist etwas ganz anderes, als zu wissen, dass man etwas nicht weiß, und die alten Karten zeigen beide Weltbilder, die Shangrilas und die Terrae incognitae, die erfundene Insel Kalifornien (an deren Westküste man allerdings trotzdem einige korrekte Details und Namen findet) und die unbekannte Nordwestküste. Hält jemand eine Verabredung nicht ein, erzählen die auf ihn Wartenden manchmal Geschichten darüber, was wohl passiert sein mag, und glauben dann irgendwann auch schon fast an die Trennung, die Entführung, den Unfall. Sich Sorgen zu machen ist eine Möglichkeit, so zu tun, als wüsste man irgendetwas oder hätte irgendetwas unter Kontrolle, obwohl dem überhaupt nicht so ist – und es überrascht mich, sogar bei mir selbst, wie sehr wir hässliche Szenarien dem reinen Unbekannten vorziehen. Vielleicht füllt man auch Karten mit Fantasie, statt zuzugeben, dass auch sie Unbekanntes enthalten.

Im alten Griechenland beschrieb Herodot die Ataranten in der afrikanischen Wüste, einen Stamm, der ohne Namen, ohne Fleisch und ohne Träume auskam, und berichtete, in Ostlibyen (wie der nordwestliche Teil Afrikas damals genannt wurde) gebe es »die

Hundsköpfe und die Ohneköpfe, welche die Augen auf der Brust tragen – so erzählen jedenfalls die Libyer –, und die wilden Männer und wilden Weiber … und sonst noch eine Menge wilder Tiere, die nicht bloß erfunden sind«. Mehrere Hundert Jahre später, im dritten Jahrhundert nach Christus, siedelte Solinus in Asien Menschen mit Pferdefüßen an, deren Ohren ihre Körper wie Mäntel bedeckten, in Deutschland Vögel, die Licht verströmten, und in Afrika Hyänen, deren Schatten Hunde ihres Bellens beraubten. Noch 1570 veröffentlichte Abraham Ortelius eine Weltkarte mit jenem großen imaginären Kontinent, Terra Australis, samt einem Fluss der Inseln, einem Land der Papageien und anderen frei erfundenen Attributen. Dem Mythos einer Terra Australis wurde erst durch Kapitän Cooks zweite Expedition (1772–1775) definitiv ein Ende bereitet, genau wie seine letzte Reise der Nordwestpassage den Garaus machte. (Die globale Erwärmung könnte diese allerdings doch noch Wirklichkeit werden lassen.)

Bis ins 19. Jahrhundert hinein suchte man Orte und Gegenden, die der Fantasie und dem Wunschdenken entsprungen waren. Man hatte bereits erkannt, dass das sagenhafte Cibola, dessen Name auf alten Karten über New Mexico erscheint, lediglich Kansas war, dass das Paradies nicht in Mittelamerika lag, wie Kolumbus dachte, nachdem er schließlich zugegeben hatte, dass der Kontinent, auf den er zufällig gestoßen war, nicht Asien war. Doch noch in den Vierzigerjahren des 19. Jahrhunderts behauptete John C. Frémont, den Buenaventura-Fluss zu suchen, der angeblich vom Great Salt Lake zum Pazifik führte. Ein Wasserweg quer durch den Kontinent oder, solange es die Fantasie von der Nordwestpassage erlaubte, auch obenherum, wurde lange erwünscht und nur widerwillig aufgegeben; die Donner Party kam unter anderem auch aufgrund der schlechten Beschreibung einer Abkürzung durch die salzigen westlichen Regionen Utahs in dem kartografisch nicht erfassten Gebiet, das lange die Große Amerikanische Wüste genannt wurde, zu Tode. Sehr viel später war das südliche Zentralnevada noch immer unkartiert und unerforscht, eins der letzten Gebiete in den »unteren 48 Staaten«, das kartografiert wurde, und es blieb auch bis ins frühe 20. Jahrhundert seltsam leer, obwohl der Bundesstaat im Jahre 1900 voll von Bergbaustädten war, die heute nicht mehr existieren: Manse und Montgomery und Midas, Belleville und Reveille und Candelaria. Später, als aus einem riesigen Landstrich von der Größe von Wales der Luftwaffenstützpunkt Nellis wurde, auf dem auch das Testgelände Nevadas lag, wo über Jahrzehnte hinweg tausend Atombomben wie kleine explodierende Sonnen gezündet wurden, blieb diese Region auf Zivilkarten oft völlig leer, als sei aus ihr wieder ein unbekanntes Territorium geworden.

Die letzte Karte von Kalifornien als Insel wurde wahrscheinlich nach den Reisen von Kapitän Cook angefertigt, obwohl die Theorie, dass die Cortés-See weiter nach Norden reichte und sich mit dem Pazifik vereinte, statt ein schmaler Golf zu sein, der dort endet, wo aus dem mexikanischen Baja California das amerikanische Alta California wird, bereits früher über den Haufen geworfen worden war. Es ist schon seltsam, sich alte Weltkarten anzusehen, auf denen mein Teil des Kontinents als Insel und Leere dargestellt wird: Nicolas Sanson d'Abbevilles Karte von 1650 zeigt Kalifornien als eine Insel, die einer Küste vorgelagert ist, aus der weder Land noch Wasser wird; auf Henry Seiles Karte von 1652 reicht die dunkel schraffierte Kontur der Nordwestküste zwar etwas höher, doch die scharfe Linie der Gewissheit fehlt auch hier. Quer über einer riesigen Fläche steht in Blockbuchstaben »Terra Borealis Incognita«. Selbst auf Pedro Fonts Karte von der San Francisco Bay Area von 1777 bleibt das Landesinnere nördlich der Golden Gate Bridge (wie Frémont sie später nennen sollte) leer, sodass meine Kindheitslandschaft dort eine Terra incognita ist.

Während der Planungen für den derzeitigen Krieg gegen den Irak, dessen Gebiet um die beiden großen Hauptflüsse herum dem biblischen Paradies, aus dem vier Flüsse hervorgehen, so nahekommt wie kaum eine andere Gegend auf Erden, meinte einer der für die Bombardierung der Zivilbevölkerung Bagdads eintretenden Aasgeier:

> Es gibt bekanntes Bekanntes. Das sind Dinge, von denen wissen wir, dass wir sie wissen. Es gibt bekanntes Unbekanntes. Das heißt, es gibt Dinge, von denen wir wissen, dass wir sie nicht wissen. Aber es gibt auch unbekanntes Unbekanntes. Es gibt Dinge, von denen wir nicht wissen, dass wir sie nicht wissen.

Diese dritte Kategorie sollte während der Zuckungen und Katastrophen des Krieges entscheidend werden. Der Philosoph Slavoj Žižek meinte ergänzend, er habe einen vierten Begriff vergessen, nämlich »das ›unbekannte Bekannte‹, Dinge, von denen wir nicht wissen, dass wir sie wissen, also genau das, was Freud als das Unbewusste bezeichnete, das ›Wissen, das sich nicht selbst weiß‹, wie Lacan zu sagen pflegte«, und fügte hinzu, »die Hauptgefahren« seien »die geleugneten Überzeugungen und Annahmen und die obszönen Praktiken, von denen wir vorgeben, nichts zu wissen«. Die Terra-incognita-Flächen auf Landkarten besagen, dass auch das Wissen eine von Meeren des Unbekannten umgebene Insel ist, doch ob wir an Land oder auf dem Wasser sind, ist eine andere Geschichte.

Im Jahre 1957 bemalte Yves Klein mit seinem tiefen elektrischen Blau einen Globus, der durch diese Geste zu einer Welt wurde, auf der es keine Trennung zwischen verschiedenen Ländern gab, oder zwischen Wasser und Land, als sei die Erde selbst zum Himmel geworden, als sei das Herabblicken ein Hinaufblicken. Einige Jahre später, 1961, begann er, Reliefkarten mit dem gleichen Blau, seinem Markenzeichen, zu bemalen, sodass zwar die Topografie erhalten blieb, die anderen Unterschiede jedoch verschwanden. Mehrere dieser Karten stellten Teile von Frankreich dar, doch auf einer waren Europa und Nordafrika miteinander verbunden. Es war eine einzige durchgehend bemalte Landmasse, wodurch sämtliche Unterschiede verschwanden, selbst die zwischen Algerien und Frankreich, die sich damals im Krieg miteinander befanden. »Klein benutzte Farbe«, schreibt der Kunsthistoriker Nan Rosenthal, »als könnte sie ein explizites und offen politisches Instrument zur Beendigung von Kriegen sein.« Klein war schon immer dagegen gewesen, Unterschiede zu machen und Dinge zu trennen, weshalb er sogar gegen die Linie in der Malerei wetterte und stattdessen die verbindende Kraft der Farbe zelebrierte. Und seine Arbeiten erinnern auch daran, dass jene alten Karten, egal, wie schön sie sind, mit ihren Schiffen und Drachen ein Instrument der Weltmächte und des Kapitals waren. Die Wissenschaft sei es, die dem Kapitalismus die Welt erschließt, meint ein Freund zu mir, und all die Merkmale und Einzelheiten, die auf diesen Karten dargestellt wurden, seien zuallererst für Händler und Militärexpeditionen gedacht gewesen. Was »Terra incognita« genannt wurde, sei eben auch noch nicht erobert worden. Malte man die ganze Welt blau, so wurde alles zu einer Terra incognita, unteilbar und unbezwingbar – ein wilder, mystischer Akt.

Durch sein ganzes Werk hindurch versuchte Klein, die Repräsentation selbst – bei der es immer um die Absenz geht, um das, was fehlt – zu überwinden oder zu vernichten zugunsten einer Kunst der Unmittelbarkeit und der Präsenz, selbst wenn es die Präsenz des Immateriellen, der Leere, war. Er versuchte, die Masse auszulöschen zugunsten des Einen – Bilder zugunsten reiner Farbe, Musik zugunsten eines einzigen Tons, das Materielle zugunsten des

Immateriellen. Seine wichtigsten Gemälde waren Gemälde ohne Sujet, und selbst die Arbeiten, in denen die menschliche Figur auftauchte, zeigten Kontaktspuren – auf dem männlichen Körper Gips, auf dem weiblichen Farbe – und waren keine gegenständlichen Darstellungen. Das Materielle war zumindest nicht gegenständlich; mit seiner Ausstellung *Le Vide*, mit den Flammen, die, als Gasstrahlen, bereits selbst Kunstwerke waren, mit den Feuerbildern, wo er Leinwände ansengte und durchlöcherte, um Feuerspuren zu hinterlassen, mit den in den Fluss geworfenen Goldbarren und mit dem *Sprung in die Leere* verfolgte Klein die Auflösung, das Verschwinden und die Entmaterialisierung dann noch direkter. Sein Werk war mystisch, denn es ging ihm darum, den rationalen Verstand, jegliche Erwartungshaltung, ja vielleicht sogar das industrielle Zeitalter aufzulösen, und folglich auch darum, die Karte der Vernunft auszulöschen und die Leere des reinen Bewusstseins zu betreten, die das Thema seiner ersten Pariser Ausstellung gewesen war.

Der *Sprung in die Leere* von 1960 ist Gegenstand einer gewissen Kontroverse. Geblieben ist uns lediglich das offizielle Foto. Es zeigt eine ruhige Pariser Seitenstraße mit Steinmauern, einem alten Bürgersteig, belaubten Bäumen über den Mauern und Klein, der auf der linken Seite von einem Mansardendach oder Mauersims springt. Und nicht herabfällt, sondern in die Höhe steigt, den Körper nach oben gebogen, die Hände ausgestreckt, ein paar Haarsträhnen über der Stirn in die Luft fliegend, hoch über der Straße, mindestens vier Meter hoch, in den Raum springt, als bräuchte er überhaupt nicht ans Landen zu denken, als würde er nie landen, als spränge er in das schwerelose Reich des Raumes hinein oder in das zeitlose Reich dieses Fotos, das ihn für immer und ewig über dem Erdboden festhalten würde. Der weiße Himmel des Schwarz-Weiß-Fotos, der dunkle Anzug – Klein war immer makellos gekleidet – und die nach oben gebogene Rückenlinie machen aus dem Ganzen nicht nur eine Krise der Schwerkraft, sondern einen formalen und feierlichen Akt. Im Hintergrund fährt ein Zug vorbei, auf der rechten Seite der ansonsten verlassenen Straße entfernt sich ein Radfahrer. Wie Ikarus, der auf dem Bild von Brueghel ins Meer stürzt, während ein Bauer am Pflügen ist, fliegt Klein durch die Luft und niemand scheint es zu merken oder sich darum zu kümmern, jedenfalls stellt es das Foto so dar (was natürlich ein Beweis dafür ist, dass zumindest Fotografen anwesend waren).

Er veröffentlichte eine einzige, vierseitige Ausgabe der Zeitung *Dimanche*, deren Titelseite das Foto von dem Sprung beherrschte und deren im Zeitungsformat gedruckte Texte eine Beschreibung seines Werkes und ein Manifest für seine Kunst waren. »Ein Mensch im Raum!«, verkündete die Schlagzeile unter dem Bild, eine Parodie auf den damaligen Wettlauf ins All, bei dem es darum ging, einen Menschen in die Erdumlaufbahn zu bringen, und die Bildunterschrift lautete:

> Der Monochrome [Yves le Monochrome war sein Nom de Guerre], der auch ein Judomeister und Inhaber des Schwarzen Gürtels, Vierter Dan, ist, übt sich regelmäßig in dynamischer Levitation (mit oder ohne Netz und unter Lebensgefahr). Er behauptet, bald in den Raum aufsteigen zu können, um sich wieder mit seinem liebsten Werk zu vereinen: einer aerostatischen Skulptur aus 1001 Luftballons, die 1957 von seiner Ausstellung in den Himmel über Saint-Germain-des-Près flogen und niemals zurückkehrten! Die Skulptur von ihrem Sockel zu befreien, ist seit langer Zeit sein Anliegen.

Dieser Text ist absolut typisch für Klein, eine Mischung aus einer cleveren Auseinandersetzung mit der künstlerischen Praxis und aktuellen Ereignissen, einem gutmütigem Schelmenstreich und Mystizismus. Er geht folgendermaßen weiter:

> Heute muß der Maler des Raums tatsächlich in den Raum gehen, um ihn zu malen, aber er muß dies ohne Tricks, ohne Betrug tun, und auch nicht mit einem Flugzeug, einem Fallschirm oder einer Rakete. Er muß aus eigener Kraft gehen. Kurz, er muß in der Lage sein, in die Luft aufzusteigen.

So fanden seine frühen Studien des Rosenkreuzertums und des Judo zu einer Kulmination. »Die Blaue Revolution geht weiter« steht in fetten Buchstaben neben dem Zeitungskopf.

Klein war einen Großteil seines Lebens vom Fliegen besessen. Rotraut, seine Witwe, sagte einmal:

> Er war sich sicher, fliegen zu können. Er hat mir immer erzählt, dass Mönche früher levitieren konnten und dass er es auch schaffen würde. Es war eine fixe Idee. Wie ein kleines Kind war er tatsächlich davon überzeugt, dass er es schaffen konnte.

Zu fliegen bedeutete, im wortwörtlichen Sinne in den Himmel, auf den er ja bereits Anspruch erhoben hatte, aufzusteigen, es bedeutete zu verschwinden, wovon er, einem engen Freund zufolge, genauso besessen war wie von der Levitation, und es bedeutete auch, in die Leere einzutreten. Der »Sprung in die Leere« wird manchmal als buddhistischer Ausdruck betrachtet, der die Erleuchtung beschreibt, das Umarmen der Leere, was keinen Mangel darstellt, wie es einem im Westen erscheinen will, sondern ein Loslassen des Endlichen und Materiellen, ein Umarmen der Grenzenlosigkeit, der Transzendenz, der Freiheit, der Erleuchtung. »Komm mit mir in die Leere!«, schrieb Klein. »Du, der Du wie ich träumst / Von dieser wunderbaren Leere / Von dieser vollkommenen Liebe ...«

Eine Fotografie ist ein Beweisstück, doch dieses Foto von Kleins Sprung ist ein Beweis für etwas Komplexeres als die Tatsache, dass ein Mann zu fliegen beginnt – und die Berichte über den Sprung differieren stark. Das Foto ist die einzige Spur, die einzige Erinnerung an das Kunstwerk, das der Sprung selbst ist. Am 19. Oktober 1960 aufgenommen, gehört es mit zu den ersten Beispielen einer neuen Art von Fotografie, die in jenem Jahrzehnt wichtig werden sollte, nämlich der Fotografie als Dokument eines Kunstwerks, das zu entlegen, zu ephemer, zu persönlich war, um anders gesehen zu werden, ein Kunstwerk, das nicht ausgestellt werden konnte und sonst verloren gegangen wäre, weshalb die Fotografie seinen Platz einnimmt. Künstler zeigten Dokumentationen von körperlichen Akten, ephemeren Gesten, Manipulationen entlegener Landschaften, sodass die Fotografie im Wesentlichen nicht als Kunstwerk oder ästhetische Erfahrung fungierte, sondern als Erinnerung an das Ungesehene, die Vergangenheit, das Anderswo, ein Hilfsmittel für die Imagination.

Die Fotografie ist eine Montage: Klein, der Judomeister, sprang tatsächlich, doch hielten zehn Judoka eine Plane unter ihm auf; das Foto verbindet in sich also Klein oben und die Straße unten ohne die Plane und seine Judofreunde. Doch McEvilley erzählt eine andere Version. Seinem Bericht zufolge, der sich auf Aussagen von Menschen stützt, die Klein nahestanden, darunter diejenigen, die die mehrfachen Sprünge miterlebten, hatte im Januar jenes Jahres tatsächlich ein Sprung in die Leere stattgefunden, doch die Hauptzeugen waren nicht anwesend und es gab keine Beweise. Bernadette Allain, die Frau, mit der Klein vor Rotraut zusammenlebte, war bei dem ersten Sprung dabei und erinnert sich:

Für einen im Fallen geübten Judoka war es nichts Außergewöhnliches ... Von jemandem mit seinem Trainingsniveau würde man erwarten, dass er weiß, wie man sich fallen lässt und wieder aufsteht. Es war für ihn eine Herausforderung oder eine Trotzhandlung, mit der er beweisen wollte, dass er fähig war, in die Leere zu springen – das heißt nicht aus einem Fenster zu springen, sondern in Richtung Himmel zu springen ... Unter ihm war nichts als das Straßenpflaster – nichts!

Schauplatz jenes Sprungs war das Haus der Galeristin Colette Allendy in der Rue de l'Assomption, der Straße der Himmelfahrt, was im katholischen Frankreich nichts anderes bedeuten kann als die leibliche Himmelfahrt der Jungfrau Maria, noch dazu, wo diese ruhige Straße im 16. Arrondissement nur wenige Straßen von der Rue de l'Annonciation entfernt liegt, der Straße der Verkündung. (Als ich siebzehn war, wohnte ich mehrere Monate in einem Dienstmädchenzimmer in einer Nebenstraße, wie mir jetzt klar wird, da ich mir einen alten Stadtplan von Paris ansehe und mir verblüfft überlege, dass ich oft, ohne es zu wissen, an dem Schauplatz jenes Sprungs vorbeigegangen sein muss, dass jedes Leben seine eigene Karte auf das gemeinsame Terrain zeichnet.)

Nach dem Sprung im Januar besuchte Klein einen befreundeten Piloten, der mit seinem Flugzeug im Himalaja tatsächlich für immer in die Leere verschwinden sollte; es war das letzte Mal, dass er ihn sah. Eine Spur, die der Sprung hinterließ, war, dass Klein wegen eines »verstauchten Fußes« eine Zeit lang hinkte. Er musste feststellen, dass nur wenige glaubten, der Sprung habe wirklich stattgefunden, weshalb er ihn im Oktober für die Kameras an einem anderen Ort noch einmal wiederholte. Diesmal sprang er mit einer

Plane, zweimal, für die Kameras. Rotraut hatte ihn bekniet, nicht noch einmal ohne irgendetwas außer dem Pflaster unter sich zu springen. Das offizielle Bild zeigt ihn, wie er kraftvoll in die Luft steigt. Auf einem anderen, verschwommenen Foto sieht man ihn nach unten blicken und ein wenig um sich schlagen, nicht wie ein fallender Mensch, eher wie eine fallende Katze. Doch auf dem später in allen Publikationen abgedruckten Foto steigt er für immer in die Höhe und fliegt in dem Moment, den die Kamera festgehalten hat, tatsächlich.

Was gibt es sonst noch über Yves Klein zu erzählen? Ein Jahr nach den drei Sprüngen fuhr er in die Vereinigten Staaten, wo er in New York kühl und in Los Angeles, dessen Kunstszene gerade aufzublühen begann, herzlich empfangen wurde. Von dort aus wollte er dann unbedingt ins Death Valley, und so fuhr ihn ein junger Künstler und Kurator wenn auch nicht ganz dorthin, so doch bis tief in die Wüste hinein, und irgendwie schien diese Fahrt in den Fernen Westen, von wo seine Rosenkreuzer-Lektionen gekommen waren, die Reise, die mit seiner Fahrt in den Fernen Osten zum Judo-Studium begonnen hatte, zu vervollständigen. Danach wandten sich seine Gedanken mehr und mehr dem Tod zu, den er immer mit dem Fliegen und dem Verschwinden assoziiert hatte. Als er wieder in Paris war, begann er seine planetarischen Reliefs, die blau bemalten Reliefkarten, heiratete Rotraut, die schwanger war, und bekam Probleme mit dem Herzen, das aufgrund seines Amphetaminkonsums stark strapaziert war. Er starb im Juni 1962, im Alter von vierunddreißig Jahren, ein paar Monate vor der Geburt seines ebenfalls Yves Klein genannten Sohnes. Obwohl er tragisch jung starb, sieht sein Leben aus wie ein Meteor, eine Sternschnuppe, eine komplette Flugbahn quer über den Himmel, ein fertiges Kunstwerk.

Filme werden aus Dunkelheit sowie aus Licht gemacht; es sind die unvergleichlich kurzen dunklen Pausen zwischen den leuchtenden

Einzelbildern, die es ermöglichen, derart viele Bilder zu einer Abfolge von bewegten Bildern, zu einem Film, zusammenzusetzen. Ohne jene Dunkelheit wäre alles nur verschwommen. Was bedeutet, dass ein langer Film aus einer oder anderthalb Stunden reiner Dunkelheit besteht, die man nicht sehen kann. Ließe sich diese ganze Dunkelheit addieren, sähe man, wie das Publikum im Kino gemeinsam in eine tiefe fantasievolle Nacht starrt. Das ist die Terra incognita des Films, der dunkle Kontinent auf jeder Landkarte. Auf ähnliche Art und Weise ist bei Läufern, bei Läuferinnen jeder Schritt ein Sprung, sodass sie sich einen kleinen Moment lang völlig in der Luft befinden. Während jener kurzen Augenblicke fließen die Schatten nicht mehr, wie aus einem Leck, aus ihren Füßen, sondern schweben unter ihnen wie Doppelgänger, genau wie bei Vögeln, deren Schatten unter ihnen entlangkriechen, die Erdoberfläche streicheln, größer werden und zusammenschrumpfen, je nachdem, ob die, die sie hervorrufen, sich dieser Oberfläche nähern oder sich von ihr entfernen. Bei meinen Freunden, die Langstreckenläufe machen, summieren sich diese winzigen Levitationssplitter zu etwas recht Erklecklichem: Aus eigener Kraft schweben sie viele Minuten lang über der Erde, vielleicht einen erheblichen Teil von einer Stunde oder, bei ihren 160-Kilometer-Läufen, eventuell auch noch viel länger. Wir fliegen, wir träumen in der Dunkelheit, wir verschlingen den Himmel in Häppchen, die zu klein sind, um gemessen zu werden.

Eingeschossiges Haus

Ich trug die Schildkröte die ganze Zeit in beiden Händen, hielt sie, die Arme ausgestreckt, vor mir wie ein Ministrant die Bibel, oder wie man eine Wünschelrute hält, während ich an den Wänden entlang um das Zimmer herumging. Jedes Schild ihres rötlichen Panzers sah anders aus. Während ich sie trug, spritzte sie. Sie spritzte mehr Wasser, als eine Schildkröte dieser Größe überhaupt speichern konnte. Das Tier war ein regelrechter Springbrunnen, ein gespaltenes Felsstück in meinen Händen, und als ich aufwachte, wurde mir klar, dass das Zimmer, in dem ich auf und ab gelaufen war, mein altes Kinderzimmer gewesen war.

Seit ich jenes Haus mit vierzehn verlassen hatte, bin ich dort immer wieder einmal umhergewandert. Ein Vierteljahrhundert war vergangen, und in meinen Träumen war ich aus diesem Haus noch immer nicht heraus. Es war ein typisches Vorstadthaus seiner Zeit, eingeschossig, L-förmig. Die Häuser, die Kinder malen, sehen aus wie Gesichter, wobei die Fenster im Obergeschoss die Augen sind, die Tür der Mund. Sie sind solide und stehen im Mittelpunkt des Bildes, was sie zu einem Zuhause macht, so wie der Kopf ein Zuhause ist. Dieses Haus mit seinen gemeinsam genutzten Räumen, die ineinander übergingen, als wären sie lediglich ausgedehnte Korridore und die Schlaf- und Kinderzimmer anhängselartige Sackgassen, hatte keinen Mittelpunkt, doch meine Psyche saß dort fest. Die es umgebende Bepflanzung des Vorbesitzers war seltsam und exotisch: ein Zylinderputzer und ein künstlicher Erdbeerbaum, eine

Fichte, die genauso puderblau war wie die Kordhosen, die Jungen damals trugen, Sukkulenten und andere namenlose, undefinierbare und nicht essbare Pflanzen mit glänzenden oder stachligen Blättern. Eine Pflanze in einem schmalen, immer im Schatten gelegenen Seitenbeet brachte jedes Jahr eine einzige riesige Lilienblüte hervor, die aussah, als bestünde sie aus dem zerknitterten schwarzen Leder irgendeines dünnhäutigen Tieres. Vor den beiden Kinderzimmern, die zur Straße hinausgingen, stand ein unförmiger Wacholderbaum; die Scheinwerfer vorbeifahrender Autos ließen die Schatten seiner Zweige nachts wie Flugsaurier auf den Wänden umherwirbeln. Markisen, Dachvorsprünge und eine überdachte Terrasse verhinderten, dass direktes Sonnenlicht in dieses Haus aus Resopal, Kacheln, Linoleum und dunkelgrünem Teppichboden fiel, dessen Flor wie Luftaufnahmen von Wäldern aussah. Alles an diesem Haus schien aus kühlen, fremdartigen Materialien zu bestehen, und am allereigenartigsten war der Swimmingpool.

Der Pool war ungeheizt, für spindeldürre Kinder fast das ganze Jahr über zu kalt zum Hineinspringen, aber man musste ihn ständig sauber machen, musste Sand, Laub und andere Kleinteile abschöpfen, und die Geräte dafür waren fantastisch lang, wie das Besteck eines Molochs, dessen Kopf oben in den Wolken steckt. Er hatte die übliche helltürkise Farbe mit einem rosa Betonrand, auf dem man sich die Füße aufscheuerte, und aus dem Wasser stieg ein scharfer Chlorgeruch empor. Jeder Wasserkörper hat etwas Furchterregendes und Geheimnisvolles: Trübes Wasser verspricht unsichtbare Dinge in unsichtbaren Tiefen, klares Wasser lässt einen weit auf den Grund sehen, als könnte man hineinfallen, obwohl das Wasser einen in jenem seltsamen Raum, der weder Luft noch Erde ist, wie eine Boje treiben lassen würde. Der Begriff »Wasserkörper« passt hier sehr gut, denn es war ein geheimnisvoller Körper, neun Meter lang und an einem Ende zweieinhalb Meter tief, ein durchsichtiger

Gefangener, in dessen Tiefen man sich stürzen konnte. Noch die leichteste Brise gab der Wasseroberfläche ein Muster, und die Sonne verwandelte diese Muster dann in eigenartige, über den Beckenboden huschende Lichtstränge, endlose, in eine fischlose See ausgeworfene Netze. Später träumte ich immer wieder von diesem Pool und dem Haus. Es schien, als könnte ich nicht aus dem Haus herausfinden, als irrte ich noch immer in ihm umher, doch der Pool war nicht so sehr Teil des Labyrinths, sondern eher dessen heiliger Brunnen.

Furchtbare Dinge geschahen in jenem Haus, die jedoch nicht besonders ungewöhnlich oder interessant sind; es reicht wohl, wenn ich sage, dass es einen Grund dafür gibt, dass Therapeuten hohe Stundenhonorare bekommen, um sich solcherlei Geschichten anzuhören. Eins sollte allerdings vielleicht doch noch gesagt werden, über den Kapitalismus des Herzens, den Glauben, dass auch die wesentlichen Dinge des Lebens in Besitz genommen und gehortet werden können, dass man den Markt des Vertrauens beherrschen, eine feindliche Übernahme des Glücks inszenieren kann. Das Ganze basiert auf einer Mangelwirtschaft, nämlich der Vorstellung oder vielleicht auch dem Gefühl, dass nicht genug für alle da ist, und der Überzeugung, dass es von diesen immateriellen Dingen nur eine bestimmte Menge gibt und man um sie kämpfen muss, statt dass man sie nur vermehren kann, wenn man sie verschenkt. Eine Geschichte kann ein Geschenk sein, wie der Faden der Ariadne oder das Labyrinth oder der gefräßige Minotauros im Labyrinth; Geschichten bieten uns Orientierung, doch manchmal können wir nur entkommen, wenn wir uns von ihnen abwenden.

Vor einigen Jahren träumte ich, meine Mutter hätte das Haus instand gesetzt, zumindest auf der – recht plumpen – Traumebene: Der Swimmingpool war von Glassplittern gesäumt, im Badezimmer gab es zwei in den Boden eingelassene, sargförmige Wannen, und mein kleines Zimmer hatte einen neuen hellen Anstrich mit einer Reihe tanzender Skelette an einer Wand bekommen. Auch von meinem Vater träumte ich ab und zu, und lange nach seinem Tod, kurz nachdem der Einsiedler mir das Schießen beigebracht hatte, gab es eine Phase, in der ich ihm sagte, er solle zurückweichen, da ich bewaffnet sei. Nach dieser Reihe von Siegen wurde er harmlos. Im Laufe der Jahre machte ich also ganz eindeutig Fortschritte. Ich nahm das große Schlafzimmer in Beschlag und beschloss umzuziehen, ich trieb die Familie aus meinem Zimmer, und dann kam der Traum von der Schildkröte.

In Träumen geht nichts verloren. Häuser und Wohnungen, in denen man seine Kindheit verbrachte, die Toten, verschwundenes Spielzeug, alles taucht mit einer Lebendigkeit wieder auf, an die der wache Verstand nicht heranreichen kann. Nichts geht verloren, nur man selbst ist es, eine Wanderin, ein Wanderer in einer Landschaft, in der sogar die vertrautesten Orte nicht ganz sie selbst sind und sich dem Unmöglichen öffnen. Doch an dem Morgen, nachdem ich die spritzende Schildkröte getragen hatte, wusste ich, dass ich nicht länger in dem Haus festsaß. Das Gewicht eines Traumes steht in keinem direkten Verhältnis zu seiner Dimension. Manche Träume bestehen aus Nebel, manche aus Spitze, manche aus Blei. Manche Träume scheinen nicht so sehr aus dem üblichen psychischen Schrott zu bestehen als vielmehr aus Blitzstrahlen, die von draußen gesandt werden.

Ich überlegte, wo die Schildkröte wohl herkam. Ich konnte mich noch daran erinnern, wie ich einmal, als ich zwei war, in einem Zoo auf einer Galapagos-Riesenschildkröte geritten war, erinnerte mich an eine Dosenschildkröte, die mein mittlerer Bruder als Haustier hatte, und an die kleinen Rotwangen-Schmuckschildkröten, die früher, als man für Grausamkeit gegenüber Tieren niedrigere Maßstäbe anlegte, zu Ostern bemalt wurden, las, dass für die Zuñi-Indianer Schildkröten die zurückgekehrten Geister der Toten waren, merkte, dass jedes Bild von Land- und Seeschildkröten irgendwie einen Sog auf mich ausübte. Monate vergingen, ehe ich mich an eine rund zehn Jahre zurückliegende Begegnung mit einer Gopherschildkröte erinnerte, als ich einmal mit ein paar anderen Frauen in der Mojave-Wüste gezeltet hatte. Ich sah die ausgewachsene Schildkröte mitten auf einem kleineren Highway in der Nähe des Death Valley und hielt meinen Pick-up an. Wir stiegen aus, um sie uns anzusehen, und ich referierte mein gesammeltes Wissen: dass man diese Tiere nicht berühren sollte, da die Veränderungen in ihrer Umwelt sie enorm belasten und sie für Krankheiten und Infektionen, insbesondere der Atemwege, anfällig sind und durch eine Berührung infiziert werden könnten. Geraten sie in Gefahr, spritzen sie manchmal ihr gesamtes gespeichertes Wasser heraus, Wasser, das sie langsam aus den Blättern gewinnen, die sie fressen, und nach einem starken Regen mit großen Schlucken aus Pfützen trinken, Wasser, das bis zu vierzig Prozent ihres Körpergewichts ausmachen kann, und ein derartiger Wasserverlust stellt dann seinerseits eine Gefahr dar.

Doch werden sie auch oft von Autos und Geländewagen überfahren, und zwar überall in ihrem Lebensraum, der Mojave- und der westlichen Colorado-Wüste. Wir betrachteten die Schildkröte, die, als wir anhielten, auch stehen geblieben war, sahen in der Ferne ein paar sich nähernde Wagen, und dann schnappte ich mir ein sauberes Geschirrtuch und hob sie, das Tuch zwischen meinen Händen und ihrem Panzer, hoch. Sie hatte den Kopf und die Gliedmaßen eingezogen, und so trug ich eine schwere staubfarbene Kuppel in den Händen, in die jedes einzelne Schild in konzentrischen Linien einradiert war, ein Mandala-Mosaik. Ich hielt sie vor mir, ging rund fünfzehn Meter in die mit Buschwerk bewachsene Wüste und setzte sie in der Richtung, in der sie unterwegs gewesen war, auf den Boden. Kaum hatte ich sie abgesetzt, lief sie mit einer seltsam wackelnden Bewegung weiter, wobei sich der Panzer bei jedem Schritt zur Seite neigte. Eine der berühmtesten buddhistischen Geschichten handelt von zwei Mönchen, die gelobt haben, sich von Frauen fernzuhalten. Eines Tages kommen sie an den Rand eines reißenden Flusses. Eine Frau fleht sie an, ihr hinüberzuhelfen – in alten Fabeln gibt es nur höchst selten athletische Frauen –, und so trägt sie einer von ihnen durch die Fluten. Nachdem die beiden eine Weile auf der anderen Seite des Flusses weitergewandert sind, wirft ihm der andere Mönch vor, sein Gelöbnis gebrochen zu haben. Sein Weggefährte antwortet: »Weshalb trägst du sie denn noch immer? Ich habe sie gleich am Ufer abgesetzt.« Mehrere Jahre nach dieser kurzen Begegnung in der Wüste trug ich die Schildkröte noch immer, doch war aus ihr ein Kompass geworden, ein Visum, ein Amulett.

Die Gopherschildkröte ist, infolge der Ausbreitung des Menschen, vom Aussterben bedroht (1990 wurde sie von der amerikanischen Tierschutzbehörde, dem U. S. Fish and Wildlife Service, offiziell als »bedroht« eingestuft). Es gibt zahlreiche Gründe für ihren Rückgang. Gebietsfremde Pflanzen haben ihre Ernährung beeinträchtigt, und Weidetiere, Hunde, Fahrzeuge, Bauprojekte und Militärbasen haben alle negative Auswirkungen gehabt, genau wie die weitverbreitete Unsitte, Schildkröten zu fangen und als Haustiere zu halten. Die Zunahme offener Müllhalden in der Wüste hat die Rabenpopulation enorm ansteigen lassen, und Raben machen während der rund fünf Jahre, bevor die Schildkrötenpanzer hart genug sind, um Schutz zu gewähren, Jagd auf Jungtiere. (Der Einsiedler hatte einmal eine junge Schildkröte mit schweren Hackwunden im Panzer gefunden; er brachte sie nach Hause und zog eine ihm bekannte Tierärztin aus einem Zoo zu Rate, um zu versuchen, sie mithilfe einer Spülbeckenoperation zu retten – ich war damals weg, und er erstattete mir mehrere Tage lang per Telefon Bericht über »Fräulein Schildkröte«, bis er mir dann mitteilte, dass »Fräulein Schildkröte es nicht geschafft hat«.) Die Gopherschildkröte kann länger als ein Jahr ohne Nahrung oder Wasser auskommen, hält in ihrem kälteren nördlichen Verbreitungsgebiet mehrere Monate Winterschlaf, bleibt während des heißesten Teils des Sommers in ihrem kühlen Bau, von dem sie sich nur selten weiter als anderthalb Kilometer entfernt, läuft langsam, lebt langsam und erreicht ein hohes Alter von manchmal mehr als einem Jahrhundert. Es gibt sie schon seit rund sechzig Millionen Jahren. Das Vorhaben zu ihrer Rettung ist so angelegt, dass eine fünfzigprozentige Chance besteht, dass es sie auch noch in fünfhundert Jahren gibt. Die Regierung ist nicht willens, mehr Ressourcen zur Verfügung zu stellen oder mehr Aktivitäten einzuschränken, damit die Chancen besser als fünfzig zu fünfzig stehen.

Im Jahr 1919 verliebte sich eine junge Ethnografin in einen Schmied aus den Reihen der Chemehuevi-Indianer, deren großes Stammesgebiet das Herzstück des Schildkrötenhabitats darstellt. Der Mann, George Laird, war bereits achtundvierzig Jahre alt und hatte als Junge eine Menge überliefertes Wissen gelernt, das damals im Begriff war, vergessen, verloren und verwässert zu werden. In dem Winter, als er sechzehn war – circa 1888 –, pflegte er einen Mann während der letzten qualvollen Stadien der Syphilis, und dieser Sterbende lehrte den Jungen eine reinere Form ihrer Sprache und »erfüllte die langen, schlaflosen Nächte mit Geschichten von den Unsterblichen, den vormenschlichen Tieren-die-Menschen-waren, die er mit großer Sprachkraft und Eleganz erzählte«. Während der einundzwanzig Jahre, die der Chemehuevi und die Ethnografin, Carobeth Laird, unzertrennlich waren, lernte sie die Sprache, die Lieder und die Geschichten, die er kannte, und lange nach seinem Tod, als sie bereits selbst alt war, verarbeitete sie ihre Notizen und Erinnerungen zu einem ethnografischen Buch. Über die Schildkröte schrieb sie:

> Dieses Reptil war ein begehrtes Nahrungsmittel, doch besaß es auch eine eigentümliche Aura der Heiligkeit. Es war und

> ist bis auf den heutigen Tag ein Symbol des Geistes dieses Volkes: »Das Herz eines Chemehuevi ist hart, so wie das Herz der Schildkröte.« Diese »Hartherzigkeit« wird gleichgesetzt mit dem Willen und der Fähigkeit, durchzuhalten und zu überleben.

Allerdings überlebt die Schildkröte *uns* nicht besonders gut. Verlust gehört zum Leben dazu, das ist nun einmal der Lauf der Dinge. Denken wir nur daran, wie wenig vom Kompost der Zeit geborgen worden ist aus den Hunderten von Billionen Träumen, die geträumt worden sind, seit es die Sprache für ihre Beschreibung gibt, wie wenig Namen, wie wenig Wünsche, ja sogar wie wenig Sprachen, denken wir daran, dass wir nicht wissen, welche Sprache die Menschen sprachen, die die Megalithen in Großbritannien und Irland errichteten, oder was diese Steine bedeuteten, dass wir kaum etwas über die Sprache der Gabrieleño-Indianer aus der Gegend von Los Angeles oder der Miwok im heutigen Marin County wissen, dass wir nicht wissen, wie oder warum die riesigen Bilder auf dem Wüstenboden in Nazca, Peru, gezeichnet wurden, dass wir selbst über Shakespeare oder Li Po nicht sehr viel wissen. Es ist, als machten wir die Ausnahme zur Regel, als glaubten wir, dass wir Dinge haben müssen, und nicht, dass wir sie normalerweise ohnehin verlieren. Wir sollten den Weg zurück anhand der Dinge finden, die wir fallen gelassen haben, wie Hänsel und Gretel im Wald, sodass uns diese Dinge wie an einer Angelschnur durch die Zeit zurückziehen und jeden Verlust ungeschehen machen, ein Weg zurück von verlorenen Brillen zu verlorenen Spielsachen und Milchzähnen. Stattdessen bilden die meisten dieser Dinge die geheimen Konstellationen unserer unwiederbringlichen Vergangenheit und kehren nur in Träumen zurück, in denen allein die Träumenden verloren sind. Irgendwo muss es sie noch geben: Taschenmesser und Plastikpferde vermodern ja eigentlich nicht, doch wer weiß, wo sie hingelangen in den großen Bewegungen der Dinge, die durch das Sieb unserer Welt rieseln?

Einmal habe ich ein Medaillon gefunden, auf einer Seite eine Mondsichel und ein Stern aus unechten Diamanten, auf der anderen unlesbar verschlungene Initialen, und im Innern zwei uralte Fotos – irgendjemandem musste es entsetzlich gefehlt haben, doch niemand hat es zurückgefordert, und ich habe es immer noch. Ein andermal, als ich in einer der letzten großen Wildnisse einen Fluss hinunterfuhr, eine Gegend, in der es keine Straßen gibt und die so groß wie Portugal ist, verlor ich schon früh auf meiner Fahrt einen Strumpf und später dann eine Sonnenbrille, und ich muss öfter daran denken, wie sie diese Wildnis, die so frei von solchem Zeug ist, verunstalten und noch immer irgendwo herumliegen oder von jemandem gefunden worden sind, der sich darüber vielleicht genauso gewundert hat wie ich mich über das Medaillon. Oft lehnte ich mich auf jener Fahrt über den Rand des Schlauchboots und starrte stundenlang auf den Grund jenes Flusses, dessen Namen fast niemand kennt und der in einen anderen kaum bekannten Fluss mündet, starrte auf Tausende von Steinen, Hunderte von Tausenden von Millionen von vorbeigleitenden Steinen, grau, rosa, schwarz, golden, unter dem klarsten Wasser der Welt, und trieb meilenweit und tagelang auf diesem Wasser dahin und trank direkt aus dem Fluss. Materielle Dinge erleben alles mit und sagen nichts. Tiere sagen mehr. Doch sie verschwinden zunehmend.

Dass von unserem Wissen Dinge verloren gehen und wir dann keine Ahnung haben, wo wir oder sie sind, ist eine Sache; dass von der Erde Dinge verloren gehen, eine andere. Es gibt heutzutage einen seltsamen Schnittpunkt zwischen dem, was ist, und dem, was wir wissen. Biologen schätzen, dass wir rund 1,7 Millionen Arten kennen, dass es insgesamt auf der Erde jedoch zwischen zehn und hundert Millionen gibt. Die Entdeckung und Klassifizierung neuer Arten nimmt mit geradezu manischer Geschwindigkeit zu, doch mit der gleichen Geschwindigkeit verschwinden sowohl bekannte als auch unbekannte Arten. Wir wissen mehr; es gibt weniger zu wissen; wir verlieren sowohl das, was wir wissen, als auch das, was wir nicht wissen. Fest steht, dass ganze Arten verschwinden, ohne dass die Wissenschaft sie je gekannt hat. Darüber nachzudenken heißt, sich vorzustellen, dass sich der Raum in unseren Köpfen ausdehnt, die Landschaften draußen jedoch zusammenschrumpfen, als würden wir sie im wahrsten Sinne des Wortes verschlingen.

In Träumen bin ich ein Adler und ein Grünfink gewesen, bin einem dreiköpfigen Kojoten begegnet, Wölfen, Füchsen, Luchsen, Hunden, Löwen, Singvögeln, Fischen, Schlangen, Rindern, Robben, vielen Pferden und Katzen, von denen manche sprechen konnten, einer Frau, die durch einen Kaiserschnitt von einem ausgewachsenen Hirsch entbunden wurde, der daraufhin, noch nass vom Geburtswasser, einen dunklen, von Bäumen verhüllten Weg entlang davonlief, einem Gazellenkitz, das von einer Frau gestillt wurde, einem Braunbären, der eine Frau heiratete. »… sie sind alle in gewissem Sinne Lasttiere«, bemerkte Thoreau einmal über Tiere, »die zu Trägern eines Teiles unserer Gedanken gemacht wurden«. Tiere sind die alte Sprache der Imagination; eine der zehntausend Tragödien ihres Verschwindens wäre die Tatsache, dass diese Sprache damit zum Schweigen gebracht würde. Ein Mann meinte einmal zu mir, meine Arbeiten handelten zum Großteil vom Verlust, das sei meine Sichtweise der Welt, eine Bemerkung, über die ich lange nachgedacht habe. In diesem Gefühl des Verlustes treffen zwei Strömungen zusammen. Die eine ist das Verlangen der Historikerin danach, an allem festzuhalten, alles aufzuschreiben, zu versuchen, alles vor dem Entschwinden zu bewahren, sowie die Freude der Historikerin daran, das fast Vergessene, das fast für immer

Unerreichbare aus Archiven zu bergen und in Interviews aufzuspüren. Die andere Strömung ist dagegen die alltägliche Erfahrung, dass in unserem Leben doch zu viele Dinge verschwinden, ohne dass sie ersetzt werden. Irgendwann geht die Sonne immer irgendwo auf der Erde unter, und ein weiterer Tag entschwindet nahezu undokumentiert, während die Menschen in Träume gleiten, an die sie sich beim Aufwachen nur noch selten erinnern können. Allein aufgrund der Fortdauer des Überflusses ist der Verlust überhaupt etwas Tragbares, etwas Natürliches. Sicher wird es noch mehr Sonnenaufgänge geben, doch auch Träume können ausgeleert werden.

Das goldene Zeitalter, die Traumzeit, ist die Gegenwart, doch derzeit entweicht zu viel aus ihr. Die Uhr am Times Square, die den Countdown zum neuen Jahrtausend herunterzählte, deren Sekunden, Minuten, Stunden, Tage auf einer Digitalanzeige davonrasten, hätte auch für gefährdete Tierarten weiter benutzt werden können, von denen wir pro Tag mindestens dreißig verlieren, mehr als zehntausend im Jahr, das heißt, die Hälfte aller Arten wird innerhalb eines Jahrhunderts verschwunden sein, falls sich nicht irgendetwas radikal verändert – sonst verändert sich nämlich alles radikal. Stellen wir uns die Gegenwart bereits als eine Arche Noah vor und Gier und Wachstum und Gift als ein Trio Piraten, das Tiere und Pflanzen über Bord stößt, auf den Boden des Meeres, welcher die Vergangenheit ist. Keine Brieftaubenschwärme mehr, die im vergangenen Jahrhundert den Himmel im Mittleren Westen stundenlang, tagelang verdunkelten; sämtliche bekannten Perlmuscheln der Art *Epioblasma sampsonii* seit den Dreißigerjahren aus den Flüssen des Mittleren Westens verschwunden; seit 1959 keine Santa-Barbara-Singammern mehr, seit 1972 keine Tecopa-Kärpflinge mehr; Ende des 20. Jahrhunderts schätzungsweise nur noch 142 Sonora-Gabelböcke in den USA; in Hawaii 72 Schneckenarten unauffindbar; der Blaue Glasaugenbarsch aus den Great Lakes ungefähr zur gleichen

Zeit ausgestorben, als die ersten Menschen den Mond betraten; der Gefleckte Kormoran aus Alaska ungefähr zur Zeit des Goldrauschs verschwunden.

Während des kalifornischen Goldrauschs durchquerten zum ersten Mal Unmengen von Nordstaatlern das Herzstück des Gopherschildkrötenhabitats. Unter ihnen die Death Valley Forty-Niners, Pioniere, die es 1849 eilig hatten, in die Goldfelder der Sierra Nevada zu gelangen, und, da sie zu spät zum Großen Becken kamen, um noch die verschneiten Pässe der Sierra zu überqueren, einen Mormonen anheuerten, der sie auf dem Old Spanish Trail, dem alten spanischen Handelsweg, nach Südkalifornien führen sollte. Sie nannten sich die »Sand Walking Company«, eine Verballhornung des Begriffs »San Joaquin Company«, denn niemand von ihnen kannte den Heiligen, nach dessen spanischem Namen ein Fluss und ein Tal an der südlichen Hauptader benannt worden waren. Plötzlich tauchte auf dem Weg ein zwanzigjähriger New Yorker namens O. K. Smith mit hübschen Geschichten über eine direktere Route nach Mittelkalifornien auf, und die meisten Planwagen schlugen die vermeintliche Abkürzung ein. Der mormonische Führer setzte seinen Weg mit den wenigen, die bei ihm blieben, auf dem Old Spanish Trail fort. Die Abweichler wurden durch eine Karte ermutigt, die der im Regierungsdienst als Forscher tätige John C. Frémont – »der Pfadfinder« – angefertigt hatte und auf der ein langer, von Ost nach West verlaufender Gebirgszug eingezeichnet war, den es allerdings, wie es der Zufall wollte, überhaupt nicht gab (zum Fiasko der Donner Party 1846 hatte ebenfalls eine schlechte Karte maßgeblich beigetragen). »Diese Berge sind noch nicht erforscht und wurden bisher nur von erhöhten Punkten an der nördlichen Forschungsgrenze gesehen«, vermerkte die Karte über einem Gebiet, auf dem in größeren Buchstaben »unerforscht« stand. Die Sand Walkers dachten, sie könnten an den Ausläufern dieses fiktiven Höhenzugs entlangziehen. Als das Terrain dann für Planwagen unpassierbar wurde, kehrten viele um, und der Rest löste sich in kleinere Gruppen auf. Diese Gruppen strandeten schließlich im Death Valley, dem niedrigsten Punkt der westlichen Hemisphäre, ein ausgetrocknetes Seebett, wie ein leerer Mund zwischen zwei steilen Bergketten.

> Wir waren lange genug in der Gegend gewesen, um zu wissen, dass in den höheren Bergen am meisten Wasser zu finden war und dass es in den Tälern nur schlechtes oder gar kein Wasser gab, sodass die niedrigere Höhenlage im Süden uns zwar ein leichteres Fortkommen, doch überhaupt kein Wasser oder Gras in Aussicht stellte, ohne die wir auf jeden Fall verenden würden,

schrieb William Manly ein halbes Jahrhundert später.

> In gewisser Hinsicht hatten wir uns verirrt. Die klaren Nächte und Tage ermöglichten es uns zwar, bei Sonnenauf- und -untergang die Himmelsrichtungen zu bestimmen, doch hatten wir im großen Reich der Natur schon einen Monat oder noch länger kein einziges Lebenszeichen mehr gesehen. Eine Westentasche voll Pulver und Kugeln reichte einem guten Jäger, bis er verhungerte, denn es gab nichts Lebendiges zu schießen, nichts Großes und nichts Kleines.

Manly war ein erfahrener Jäger und Naturkenner, und es gibt keine offensichtliche Erklärung dafür, dass in der Landschaft, die er im Winter 1849/50 durchquerte, überhaupt keine wilden Tiere gewesen sein sollen. Doch für diese Pioniere war die Mojave-Wüste eine leere Gegend, ohne Wasser, ohne Tiere, ohne Namen, ohne Karten, ohne all die Dinge, die einen Ort mit Leben und Sinn erfüllen. Sie hatten Angst vor Indianern, obwohl die beiden einzigen Überlebenden aus einer Gruppe von elf Männern gerade deshalb am Leben blieben, weil sie von Paiute-Indianern gerettet wurden. Die Skelette der anderen neun wurden zehn Jahre später inmitten eines Kreises von niedrigen Steinen gefunden. Anderen Gruppen wurden von Indianern, denen sie begegneten, kostbare Wasserlöcher, Quellen und Bäche gezeigt. Kolumbus war zwar bereits fast vierhundert Jahre zuvor auf den karibischen Inseln, die er für indische Inseln hielt, gelandet, doch in den entlegeneren Gegenden im Westen war das Leben der Urbevölkerung bis dahin nur selten direkt gestört worden, weshalb sie sich zu dem Zeitpunkt noch nicht einer Situation widersetzten, die sich für sie noch gar nicht als Krise darstellte.

Einer der im Death Valley verhungernden Pioniere versuchte, einem Weggefährten für zehn Dollar ein Brötchen abzukaufen, wurde jedoch abgewiesen. Ein anderer vergrub 2500 Dollar, um sein Gepäck zu erleichtern, nachdem er niemanden finden konnte, der ihm die Goldmünzen für den halben Anteil tragen wollte. Den Vergrabungsort fand er nie wieder. Andere wieder fanden Erze, was nahelegte, dass es in dieser Gegend reichhaltige Adern gab, doch hatten sie weder Nahrungsmittel noch Wasser, um dort zu überleben. So wurde sowohl die Lost Gunsight Mine, benannt nach einem stark silberhaltigen Stück Erz, aus dem einer der Death Valley Forty-Niners ein Gewehrvisier gefertigt hatte, als auch die Lost Goller Mine recht berühmt. Letztere bestand aus ein paar Nuggets, die John Gollers Kompagnon aufgelesen hatte. Als Goller sie sah, schnauzte er ihn an: »Ich will Wasser – Gold hilft mir jetzt nicht weiter.« Die Minen selbst waren Legenden, die spätere Besucher vergeblich suchen sollten, zusammengesetzt aus kleinen, von diesen Desperados geborgenen Erzstücken. Er hatte etwas Seltsames, dieser Treck durch eine Landschaft, wo alle Hoffnungen, durch Erze zu Reichtum zu kommen, beiseitegelegt wurden, wo Reichtum nichts und Wasser alles bedeutete, wo die Menschen mit fundamentalen Entscheidungen über das Miteinander-Teilen und das Überleben konfrontiert wurden, wo sie alle dem Tod ins Auge blickten und manche ihn auch fanden. Es war ein Umweg in die Essenz und die Introspektion, wie es die Wüste oft ist, und sie hatten sich in ihr verirrt.

Die nomadischen Chemehuevi-Indianer fanden sich in diesem weitflächigen trockenen Terrain mithilfe von Liedern zurecht. Die Lieder nannten die Namen bestimmter Orte in geografischer Reihenfolge, und diese Ortsnamen waren anschaulich und evokativ, sodass jemand, der noch nie an einem bestimmten Ort gewesen war, ihn vom Lied her hätte erkennen können. Carobeth Laird schrieb dazu: »Wenn heutzutage ein Lied gesungen wird, dann macht es Riesensprünge von einem Ort zum anderen, weil es niemanden mehr gibt, der sich an den ganzen Weg erinnern kann.« Und weiter: »Wie geht dieses Lied?« bedeutete »Welchen Weg nimmt es?«. Männer erbten Lieder von ihrem Vater oder Großvater, und ein Lied gab ihnen in dem Gebiet, das es beschrieb, das Jagdrecht. Ungeachtet Manlys Erfahrung schien es dort für diejenigen, die wussten, wo und wann man suchen musste, eine Menge zu jagen zu geben. Der »Salt Song« zum Beispiel beschreibt die Route eines Vogelschwarms, der aus sämtlichen in dieser Region heimischen Landvogelarten besteht: Er

> fliegt die ganze Nacht hindurch, erreicht gegen Mitternacht Las Vegas, gegen Morgen Parker und ist zum Sonnenaufgang wieder am Ausgangsort zurück. Ist die Nacht, während der der Salt Song gesungen wird, sehr kurz, dann kann er – genau wie alle anderen vererbten Lieder – gekürzt werden, sodass er nicht länger als die Nacht selbst dauert.

In jenem Lied beginnen die einzelnen Vögel gegen Morgen, den Schwarm zu verlassen, in dieser geordneten Welt aus Worten und

Orten zu sich nach Hause zu fliegen. Ein Lied war so lang wie die Nacht, und gleichzeitig war es eine Weltkarte – und das trockene Terrain um Las Vegas herum das sagenumwobene Land der großen Mythen. Bei den gleich südlich davon lebenden Mojave-Indianern gab es ein Schildkrötenlied, das ebenfalls eine ganze Nacht oder sogar mehrere Nächte dauerte.

Die Stille, in der Manly und ein Gefährte das Death Valley verließen, um für zwei dort gestrandete Familien Hilfe zu suchen, bildet einen eigentümlichen Kontrast dazu. Sie trugen nur kleine Feldflaschen bei sich und hatten schon bald kein Wasser mehr. So liefen sie »stundenlang stumm weiter, denn wir stellten fest, dass es für unseren Durst weitaus besser war, wenn wir den Mund so viel wie möglich geschlossen hielten und dadurch verhinderten, dass die Feuchtigkeit verdunstete«. Sie waren nicht in der Lage, das gedörrte Ochsenfleisch, das sie bei sich hatten, zu essen, weil ihr Mund zu ausgetrocknet war, und als sie schließlich ein kleines Stückchen Eis fanden, wie »Fensterglas«, stillten sie ihren Durst, nur um zu merken, was für einen Bärenhunger sie hatten. Manly und sein Gefährte brauchten dreiundzwanzig Tage, um Hilfe zu finden und mit Proviant und einer Route aus dem Tal heraus zurückzukehren. Zu diesem Zeitpunkt hatten ihre Weggefährten alle Hoffnung auf Hilfe von diesen fähigen und selbstlosen jungen Männern aufgegeben, weshalb sie überrascht und gleichzeitig natürlich hocherfreut über ihre Rückkehr waren. Vier Monate, nachdem sie die Abkürzung eingeschlagen hatte, erreichte die Gruppe schließlich die Siedlungen in Kalifornien. Später kehrten sie dann in die kartografisch erfasste Welt und zu ihrer herkömmlichen Lebensweise zurück.

> Jeder Augenblick dieses entsetzlichen Trecks hat sich unauslöschlich in meine Erinnerung eingebrannt, und obwohl ich am 6. April 1893 dreiundsiebzig Jahre alt wurde, weiß

> ich immer noch, wo jedes einzelne Lager war, und könnte, wenn ich kräftig genug wäre, jenem beschwerlichen Weg vom Death Valley nach Los Angeles mit unfehlbarer Genauigkeit folgen,

schrieb Manly in *Death Valley in '49*, seinen Memoiren, und seine Gruppe war es auch, die die Gegend, in der sie festgesessen hatten, Death Valley nannte.

Ich kenne das sagenumwobene Land, das etwas weiter nördlich liegt. Es ist die erste Wüste, die ich kennenlernte, und der Ort, der mich das Schreiben lehrte. Als ich Ende zwanzig war, begann ich, zu dem Testgelände in Nevada zu fahren, wo im Laufe der Zeit tausend Atombomben gezündet wurden, begann, mit Tausenden von anderen dorthin zu fahren, um gegen die Atomtests zu protestieren, eine wilde Mischung von Westlichen Shoshonen und Heiden und Mormonen und Franziskanern und Buddhisten und Anarchisten und Quäkern. Dieser Ort verlangte danach, nicht in einer einzigen geraden, durchgehenden Geschichte beschrieben zu werden, sondern in vielen Geschichten, die wie Straßen von überall auf eine Hauptstadt zulaufen, denn in den Jahrzehnten seit den Death Valley Forty-Niners waren dort eine Menge Geschichten zusammengekommen, und einige der alten Geschichten waren auch noch nicht vergessen. Die Menschen, die ich dort kennenlernte, luden mich ein, in diesem Westen ein weiterreichendes Heimatgefühl zu entwickeln, und die Schildkröte, die ich dann nicht allzu weit von dort von der Straße wegtrug, sollte mich von meinem alten Zuhause wegtragen, eine Schildkröte, die vielleicht sogar die Schildkröteninsel selbst war, der alte Name für den nordamerikanischen Kontinent, als könnte der ganze Kontinent ein Zuhause sein – und vielleicht war es genau dieses Gefühl der Ortsbezogenheit, das mich endlich von dem Haus loseiste, das ich ein Vierteljahrhundert zuvor verlassen hatte.

Sechs oder sieben Straßen nordwestlich von meiner jetzigen Wohnung liegt der Hügel, auf dem in den Siebzigerjahren des 19. Jahrhunderts der letzte Braune Augenfalter (*Cercyonis sthenele sthenele*) gefangen wurde, eine bereits damals vom Aussterben bedrohte, lokal sehr begrenzt auftretende Schmetterlingsart. Obwohl einige der damaligen Goldsucher sympathische Menschen waren, war ihre Wirkung insgesamt verheerend; sie arbeiteten fieberhaft, um sich etwas anzueignen, was gehortet werden konnte – insbesondere die Tonnen von Gold, die sie aus den Bergen gruben –, und bezahlten dafür mit Dingen, die nicht gehortet werden konnten und ihnen nicht gehörten: die klaren Bäche und Flüsse, die von den Goldgräbern mit Quecksilber, Sand und Gestein angefüllt wurden, die Lachswanderungen, die bereits damals zurückzugehen begannen, die Wälder, die für die Hüttenwerke abgeholzt wurden, der kalifornische Grizzlybär, der 1922 überall außer auf der Staatsflagge ausgestorben war, die Sprachen und Geschichten der Indianerstämme, die hier in dieser Gegend, die für die Goldgräber leer und noch ungeboren war, durch Gewalt und Krankheiten dezimiert wurden. Diese Raffgier und die daraus resultierenden, immer ausgefeilteren neuen Technologien führten dazu, dass immer mehr Reichtum gewonnen wurde aus den wilden und entlegenen Gebieten der Welt, die ausgeräumt wurden, um Banken mit mehr Geld zu füllen, als je ausgegeben werden könnte, als es Güter zu kaufen gibt. Heute ist die Knappheit real, und sie nimmt immer mehr zu.

Allerdings ist es nicht ganz so einfach wie eine Moralgeschichte, denn das, was entstanden ist, ist zum Teil schön und in sich vielschichtig und komplex. Auf dem Hügel, wo jener Schmetterling zu existieren aufhörte, steht heute eine katholische Universität, und ich habe dort große Dichter lesen und Umweltschützer reden hören. In der entgegengesetzten Richtung liegt, ungefähr doppelt so weit von meiner weißen Vogelkäfigwohnung entfernt, das San

Francisco Zen Center, eine der wichtigsten Einrichtungen für die Verbreitung des Buddhismus im Westen. Das attraktive, in einem Armenviertel gelegene Ziegelsteingebäude war vor langer Zeit als Wohnhaus für jüdische Frauen erbaut worden, und noch heute findet man dort einige in die eisernen Balkongeländer eingearbeitete Davidssterne. Eines Morgens, vier Monate nach meinem Mittsommertraum von der Schildkröte, wachte ich auf und wusste, es war Zeit hinzugehen. Ich war rechtzeitig für den samstagmorgendlichen Vortrag dort und setzte mich hinter einen riesigen Afroamerikaner. Jedes Mal, wenn er sein Gewicht verlagerte, tauchte vorne der Altar auf, und das war der interessantere Anblick. Irgendjemand meinte, der Steinbuddha auf dem Altar stamme aus einem Afghanistan, das es schon lange nicht mehr gebe. Ich hatte den Quäkern gerade die beiden Wolldecken, die ich aus dem Haus in meinem Traum geerbt hatte, für die Winterhilfe in Afghanistan gespendet. Die Statue mit ihrem würdevollen runden Gesicht schien von dort zurückzublicken, wohin die Decken unterwegs waren. Der weiche braune Stein zeugte von einer Trockenheit und Festigkeit, die das Land wirklich werden ließen, die mich felsige Berge sehen ließen, von der Erosion in Falten wie die Gewandfalten der Statue gelegt.

Ein ausgemergelter Mann mit kurz geschorenen grauen Haaren saß im Schneidersitz da, ordnete sein dunkles Gewand und begann, ohne jede Vorrede, eine Geschichte zu erzählen, leise, langsam, mit langen Pausen:

> Guten Morgen. Jahrelang kam hier jemand her und verkaufte uns Pralinenschachteln. Eigentlich waren es Dosen, und die Pralinen waren mit Karamell und Schokolade überzogen und sahen aus wie kleine Schokoladenschildkröten. Und so nannten wir ihn den Schildkrötenmann, und der Schildkrötenmann kam und verkaufte uns diese

extrem süßen Karamellpralinen. Und der Schildkrötenmann konnte nicht sehen. Er war blind, weshalb wir zwei Dosen statt einer kauften. Und dann legten wir sie im Büro in den Schreibtisch, und obwohl wir alle dachten, sie seien viel zu süß, aßen wir sie auf – und zwar schnell. Der Schildkrötenmann kam viele Jahre lang. Wie viele Blinde hatte er einen weißen Stock, mit dem er die Treppe hinauftappte, und dann tappte er gegen die Tür, und dann kam er herein. Wir wickelten unser Geschäft ab, und dann ging er wieder.

Und dann war ich einmal direkt hier draußen auf der Straße und hörte eine Stimme »Hilfe ... Hilfe ... Hilfe ... « rufen, und es war der Schildkrötenmann, und er stand dort drüben an der Ecke. Er musste die Straße überqueren, und das tat er, indem er sich auf den Rinnstein stellte und »Hilfe« sagte, und einfach immer weiter »Hilfe« sagte, bis jemand kam und ihm über die Straße half. Ich habe ihn nicht weiter beobachtet, aber ich nehme an, dass der Schildkrötenmann es jedes Mal, wenn er die Straße überqueren musste, genauso machte: Er stand einfach da und sagte »Hilfe, Hilfe«.

Ich dachte mir: Ist das nicht wirklich erstaunlich? Was für ein erstaunliches Leben. Du gehst irgendwo entlang und kommst an ein Hindernis, und du bleibst stehen und rufst einfach »Hilfe«. Du weißt nicht, mit wem du redest, du weißt nicht, wer oder ob überhaupt jemand da ist, und du wartest, und dann kommt jemand und hilft dir, dieses Hindernis zu überwinden, und dann gehst du weiter, wohl wissend, dass du ziemlich bald wieder an ein Hindernis kommen wirst und wieder stehen bleiben und »Hilfe, Hilfe, Hilfe« rufen musst, ohne zu wissen, ob da jemand ist, ohne zu wissen, wer dir helfen wird, das nächste Hindernis zu überwinden.

Und trotzdem konnte der Schildkrötenmann durch die Stadt ziehen und die Schildkrötenpralinen verkaufen und zu Einrichtungen wie dem Zen Center kommen und die Leute dazu bewegen, zwei Dosen zu kaufen.

Und er war, na ja, irgendwie auch ein bisschen aufdringlich. Er wusste, dass wir sie nicht wirklich haben wollten, doch er wusste auch, dass wir ihm zwei Dosen abnehmen würden. Der Schildkrötenmann war nicht dumm. Es war immer irgendwie spannend, ihn zu sehen. Es war fast wie ein Wunder. Es war, als wenn der Schildkrötenmann der Schwerkraft trotzte, dem gesunden Menschenverstand trotzte, den Konventionen trotzte. Es war, als wenn der Schildkrötenmann ein Superheld war, weshalb jedes Mal, wenn er an der Tür auftauchte, ein bisschen Aufregung und ein bisschen Freude in der Luft lagen.

Wie sollten wir, wenn wir nicht selbst ein kleines bisschen vom Schildkrötenmann in uns hatten, den Zauber, den wir weben, sonst durchbrechen? Allerdings ist das ein äußerst gefährlicher Vorschlag, denn die meisten von uns sind längst nicht so hervorragend vorbereitet wie der Schildkrötenmann. Der Schildkrötenmann hatte keine andere Wahl. Entweder er blieb im Bett, oder er stand auf und ging zu dem unüberwindbaren Hindernis und rief um Hilfe. Das waren seine beiden einzigen Möglichkeiten.

Wenn ich meinem Leben wirklich Aufmerksamkeit schenkte, würde mir vielleicht klar werden, dass ich nicht genau weiß, was heute Nachmittag passieren wird, und dass ich nicht voll darauf vertrauen kann, damit auch vernünftig umgehen zu können. Vielleicht sind wir bereit, diesen Gedanken zuzulassen. Er hat eine gewisse Berechtigung, denn ich kann es nicht genau wissen, doch es besteht die Wahrscheinlichkeit, die Aussicht, dass es nicht vollkommen anders sein wird als sonst auch und ich keine Probleme haben werde, das heißt, wir bereiten dieser beunruhigenden Möglichkeit mit einer vernünftigen Reaktion ein Ende. Die Praxis der Achtsamkeit führt uns tiefer als die Vernunft, mit der wir, wie wir so gerne glauben, leben, und dann beginnen wir, etwas ziemlich Faszinierendes zu sehen, nämlich das Drama unseres inneren Zwiegesprächs, der Geschichten, die uns durch den Kopf gehen, der Gefühle, die uns durchs Herz gehen, und wir beginnen zu sehen, dass es auf diesem Terrain gar nicht so übersichtlich und ordentlich und, das wage ich jetzt einmal zu sagen, sicher oder vernünftig zugeht. In der Praxis der Achtsamkeit, die schon seit vielen Jahrhunderten und Jahrtausenden geübt wird, stellen sich Menschen also die Frage: Hmmmm, wie kann ich diesen Prozess so befördern, dass ich nicht zu große Angst bekomme vor dem, was sich möglicherweise ergibt, oder aber ihm aus dem Weg gehe und dadurch zu selbstgefällig werde? Dies ist die schwierige Arbeit der Achtsamkeit.

Du hörst ein Geräusch und denkst, das ist ein großer Lastwagen, der gerade um die Ecke biegt. Das alles geschieht in einer halben Sekunde. Wir sehen jemanden und erfinden eine Geschichte darüber, wer er ist, und manchmal geraten wir, während wir uns unsere Welt weben, mit den Geschichten, die wir erfinden, in große Schwierigkeiten. Doch die Praxis der Achtsamkeit sagt nicht: »Web dir nicht deine Welt.« Wir sind darauf programmiert – nach einem derartigen Geräusch »Lastwagen« zu denken, ist

> keine Frage des freien Willens. Die Praxis der Achtsamkeit sagt: »Halte es nicht zu fest, sei nicht zu überzeugt.« Und bei dieser einfacheren Lebensart, da ist es in Ordnung, so wie der Schildkrötenmann zu werden, da ist es in Ordnung, manchmal die Erfahrung zu machen, dass man nicht weiß, was man als Nächstes tun soll, oder auf ein Hindernis zu stoßen. Es ist in Ordnung zu begreifen, dass es im Leben etwas Unergründliches gibt, ein Element der Unsicherheit, es ist in Ordnung zu begreifen, dass wir Hilfe brauchen, dass es ein äußerst selbstloser und großzügiger Akt ist, um Hilfe zu rufen, da er anderen erlaubt, uns zu helfen, und uns erlaubt, uns helfen zu lassen. Manchmal rufen wir um Hilfe. Und manchmal bieten wir Hilfe an, und dann sieht diese feindselige Welt auf einmal ganz anders aus. Dann ist es eine Welt, in der Hilfe empfangen und Hilfe gegeben wird, und in solch einer Welt verliert die zwingende, zielstrebige Welt, so wie ich sie sehe, etwas von ihrer Dringlichkeit und Verzweiflung. In einer großzügigen Welt, in einer Welt, in der Hilfe zur Verfügung steht, wäre es nicht so notwendig, derart hartnäckig an der Welt, so wie ich sie sehe, festzuhalten.

Einige Monate später verbrachte ich eine Nacht auf der Ostseite der Sierra Nevada, in einem Wald von Jeffrey-Kiefern, die in dem bleichen Sand weit entfernt voneinander standen und mit ihren ausgedehnten Wurzelsystemen alle Feuchtigkeit jener trockenen Gegend aufsaugten. Die Kiefernzapfen lagen in perfekten Kreisen unter den Bäumen – es schien dort eine fast geometrische Reinheit zu herrschen: der flache vulkanische Sandboden, die hohen, gerade gewachsenen Bäume, die dunklen Kreise der Kiefernzapfen. In der Wärme des Tages verströmte die Rinde dieser Bäume einen Duft von

Vanille und Butterkaramell, eine Süße, die die Stille an diesem Ort bereicherte, wo es einem, als wir dort waren, so vorkam, als gäbe es nichts anderes auf der Welt, als gingen die Bäume endlos weiter, als wären die Zeit, die Geschichte, unsere Verpflichtungen bedeutungslos geworden. Wir schliefen in unseren Autos in jener Nacht, die so kalt war, dass das Wasser in der Abwaschschüssel am Morgen zu Eis gefroren war. Wir hatten auch im Jahr zuvor dort übernachtet, und damals war mein Wagen im Sand stecken geblieben, mehrere Kilometer von der asphaltierten Straße entfernt. Es war ein wunderbarer Augenblick gewesen, als ich merkte, dass ich mich auf meine beiden Reisegefährten verlassen konnte, die mir dort guten Mutes und ohne viel Aufhebens heraushalfen. Während dieser eisigen Nacht war ich im Traum in den Garten hinter jenem Haus meiner Kindheit gefahren und erneut mit dem Wagen stecken geblieben, doch der Garten und das Haus gehörten jemand anderem, einer Asiatin mittleren Alters, die ein zweites Geschoss angebaut hatte. Es war jetzt ihr Haus. Ich ging nicht hinein, und Freunde halfen mir, den Wagen freizubekommen.

Als ich mich daranmachte, dieses Kapitel zu schreiben, träumte ich erneut von jenem Haus, und zwar wieder von draußen. Wir begruben gerade die Herzen meines Vaters und meiner Großmutter neben Steingräbern, die wie dekorative Auswüchse den Swimmingpool säumten. Diesmal lag dunkle Erde auf dem Boden des Pools, dessen Seitenwände nicht mehr gerade waren, sondern wellenförmig und mit großen Steinen überkrustet. Er verwandelte sich langsam in einen Teich. Die dunklen Herzen hatten in meinem Kühlschrank gelegen, in einem Zip-Beutel, wie Fleisch vom Schlächter. Ein Traum muss ja nicht erklären, wie lange sie dort schon gelegen hatten. Wessen Herz war wohl größer, fragte sich mein träumendes Ich, und besagte die Größe etwas über ihre Großzügigkeit, ihre Körpergröße oder eine krankhafte Erweiterung? Beide starben an

Herzbeschwerden. Und durch ein Astloch in dem hohen hinteren Zaun – es gab da wirklich ein Astloch, das ich vergessen hatte und durch das man im richtigen Leben auf die hügeligen Weiden einer kleinen Quarter-Horse-Ranch blicken konnte – sah ich Pferdekutschen vorbeijagen, und dann Pferde, die schneller und prächtiger galoppierten denn je, strotzend vor Kraft und Leben.

Mehrere Monate später fuhr ich für ein paar Wochen zum Schreiben in das County, in dem ich groß geworden war, aber nicht in den vorstädtischen Korridor, an dessen nördlichstem Rand jenes Haus lag, sondern in den wilden Westteil, der hauptsächlich aus Parklandschaften und Milchfarmen besteht. Die Gänse zogen bereits nach Süden, die Äpfel an den Bäumen waren reif, und ein Naturkundler namens Rich ging einmal mit mir auf Vogelsuche. Während wir ein Paar Weißschwanzaare auf ihrem Schlafbaum beobachteten, erzählte er, man habe sie bereits für ausgestorben gehalten, doch jetzt gehe es ihnen so gut, dass sich ihre ökologische Nische und ihr Lebensraum sogar ausdehnten. Diese Vögel waren, bis auf die schwarzen Streifen auf den Flügeln, fast überall so strahlend weiß wie Tauben, obwohl ihre Konturen eher an die komprimierte Wildheit von Habichten erinnerten. Manche nennen sie auch Engelhabichte. Wir sahen Dutzende von Küsten- und Wasservögeln, einen Eisvogel, halb im Schilf verborgene Grünreiher, von denen einer gerade eine blaue Libelle verschlang, die noch mit den Flügeln schlug, während sie bereits in seinem langen schmalen Hals verschwand, Singvögel, und dann eine über das stille Wasser eines alten Mühlteichs lugende Schildkröte. Durch die Spiegelung bekam das Profil ihres schräg gelegten Kopfes eine eigenartig gekerbte Form mit zwei goldgelben Augen, die zu uns zurückstarrten. Wir kamen an verschiedene Stellen, die alle nicht weitab von der Straße lagen, und durch die Augen dieses Naturkundlers und durch seine Geschichten sah ich plötzlich eine völlig andere Gegend als die, in die ich fast mein ganzes Leben lang immer wieder zurückgekehrt war. Für mich hatte diese Gegend immer aus Pflanzen, Landschaftsformationen, Licht und ein bisschen menschlicher Geschichte bestanden. Für ihn dagegen war sie voller Tiere, die hier ihr Leben lebten, jedes nach einem bestimmten Muster, und all diese Muster waren miteinander zu einem Teppich von beachtlicher Komplexität verwoben.

Manche Ideen sind neu, doch die meisten bestätigen nur das, was ohnehin schon die ganze Zeit existiert hat, das Rätsel in der Mitte des Raumes, das Geheimnis im Spiegel. Hin und wieder wird aus einem unerwarteten Gedanken eine Brücke, und das vertraute Land lässt sich auf völlig neue Art und Weise durchqueren. Wir alle kennen die übliche Geschichte über die Welt, die Geschichte von der permanenten Ausbreitung des Menschen, die immer weiter eskaliert und dadurch immer mehr Tier- und Pflanzenarten auslöscht. Rich erzählte mir eine andere Geschichte, wonach die Neuankömmlinge hier nach dem Goldrausch rund hundert Jahre lang alles, was sich bewegte, abgeknallt hatten, doch vor einem halben Jahrhundert ließ es dann nach. Weshalb, so meinte er, zumindest in Nordamerika eine Menge Tierarten zurückgekehrt seien. In diesem County mit seinen vielen Quadratkilometern offenen Landes seien sogar Kojoten lokal ausgestorben gewesen. Mir wurde klar, dass die Hügel, durch die ich als Kind gestreift war, im Vergleich zu heute still und leer gewesen waren. Es war seltsam, mir mein damaliges Paradies und Refugium als verarmte Landschaft vorzustellen, obwohl ich schon lange gewusst hatte, dass selbst das Gras, das dort wuchs, nicht dort beheimatet war.

Auf dem ganzen Kontinent kehren viele der gewöhnlichen Tiere zurück: Rehe, Elche, Bären, Kojoten und Luchse - eine Geschichte, die bisher nicht sehr viel Beachtung gefunden hat. Viele der vor vierzig oder fünfzig Jahren durch den Einsatz von DDT gefährdeten Vogelarten sind ebenfalls zurückgekehrt, wie etwa Wanderfalken,

Adler und Fischadler. Doch in diesem County ist noch mehr geschehen. Im dritten Viertel des 19. Jahrhunderts wurden die Zwergwapiti hier an der Küste bis zum Aussterben gejagt, und in ganz Kalifornien überlebten nur wenige Exemplare. Sie wurden 1874 in einem Totora-Schilf-Sumpf im San Joaquin Valley entdeckt, dem Tal, dessen Namen die Death Valley Forty-Niners wie »Sand Walking« ausgesprochen hatten. Als man diese Tiere entdeckte, war man gerade dabei, den Sumpf für die Landwirtschaft trockenzulegen. Im 20. Jahrhundert begann dann ein ernsthafter Versuch, diese Tierart zu retten, und in dem Jahr, in dem ich von zu Hause wegzog und das County verließ, wurden an der Küste hier zehn Tiere ausgesetzt. Seither haben sie sich zu Hunderten vermehrt, und ihr Überleben als Art ist, dem gegenwärtigen Stand der Dinge nach, gesichert.

Die Geschichte der Wapiti kannte ich, doch während Rich erzählte, tauchte ein neues Bild vor mir auf, von all den Tieren, die das Tor zum Verschwinden bereits fast durchschritten hatten und doch noch hierher zurückkehrten. See-Elefanten waren hundertfünfzig Jahre lang von diesem Küstenstrich und 1890 dann aus all ihren Brutkolonien, bis auf eine einzige in Baja, verschwunden – ihre Zahl schrumpfte auf rund eintausend zusammen. Vier Jahre, nachdem die Wapiti zurückgekehrt waren, wurde hier das erste See-Elefantenpaar gesichtet. Heute, zwanzig Jahre später, wälzen sich im Winter einige Tausend auf dem entlegensten Strand des ganzen Countys, um sich zu streiten und zu sonnen und ihre Jungen zu gebären, und auf der ganzen Welt gibt es insgesamt rund 150 000. Braune Pelikane und Haubenreiher stehen, genau wie andere Wasservögel auch, nicht mehr am Rande des Abgrunds, und fast die Hälfte aller nordamerikanischen Vögel halten sich zumindest manchmal hier auf, zuweilen bis zu zweihundert verschiedene Arten gleichzeitig. Außerdem gibt es hier eine Reihe von eigenen Unterarten, die sich in der Isolation über Zehntausende von Jahren hinweg entwickelt haben, und insgesamt mehr als zwanzig gefährdete und bedrohte Tierarten, darunter auch der Coho-Lachs, der in den hiesigen Bächen laicht. Ich hatte auch welche gesehen, goldene Weibchen und rubinrote Männchen, die sich in der frühen Abenddämmerung eines nieseligen Mittwintertags durch flaches Wasser einen Bach hinaufkämpften.

Später fand ich dann in dem Haus, in dem ich während jener Zeit wohnte, ein Buch darüber, wie das Land, wo all diese Tiere jetzt gedeihen, vor der Erschließung geschützt worden war, und im Register entdeckte ich den Namen meines Vaters. Als er den Auftrag bekam, den Entwicklungsleitplan für das ganze County zu erarbeiten, waren wir nach Kalifornien zurückgezogen, und die nächsten fünf Jahre verbrachte er damit, Richtlinien zu entwickeln, die den Großteil der westlichen Region, der nicht bereits auf Bundes- oder Bundesstaatsebene beziehungsweise durch Land Trusts geschützt war, vor der Erschließung bewahren würden. Der Anstoß für die Schutzmaßnahmen ging zuallererst von der Bevölkerung aus, deren Unterstützung es den Experten ermöglichte, ihren Plan durchzuboxen, doch waren es die Planer, die die Schutzrichtlinien formulierten und am meisten Kritik einstecken mussten. In dem Buch war die Rede von »einem revolutionären Plan für das gesamte Marin County, der das ökologische Konzept ›Designing with Nature‹ propagierte, um die außergewöhnlichen Landschaften des Countys zu erhalten und die Städte daran zu hindern, weiter auszuufern und zusammenzuwachsen«. Ich besitze ein Exemplar dieses Umweltplans, dessen Titel sich an ein Gedicht von Lew Welch anlehnte, aus dem auf dem Vorsatzblatt zitiert wurde: »Dies ist der letzte Platz. Man kann nirgendwo anders mehr hin«, und so hieß der Plan *Can the Last Place Last?* Bisher hat der letzte Platz überlebt, Welch allerdings nicht. Er ging 1971 in die Wildnis der Sierra Nevada, und es fand sich nie wieder eine Spur von ihm. Der Plan

> wurde 1973, nach siebenundfünfzig öffentlichen Anhörungen, angenommen … Die treibenden Kräfte hinter dem Plan waren die talentierten County-Planer Paul Zucker und Al Solnit. Als Zucker dann später in einer Wahl zum County Board of Supervisors unterlag, verlor er seine Stellung, und Solnit wurde Opfer bösartiger Angriffe von Bauunternehmern und feindseliger Zeitungskommentare. Doch die Öffentlichkeit begrüßte den Plan, der, mit geringfügigen Änderungen, seit mehr als fünfundzwanzig Jahren in Kraft ist.

Eines Sommerabends, als ich ungefähr neun war, kam mein Vater spät nach Hause und sah auf dem Küchentisch ein vergessenes Glas Schokoladenmilch, die sauer geworden war. Verschwendung machte ihn rasend, und da ich diejenige war, die meistens Schokoladenmilch trank, stürzte er in mein Zimmer, knipste das Licht an und schüttete sie mir, die ich bereits schlief, ins Gesicht, sodass ich tropfnass und mit einem Riesengebrüll über mir aufwachte. (Dass die Milch einem meiner Brüder gehört hatte, war nur ein Detail; die Welt in jenem Haus war extrem willkürlich.) Als ich den Bericht las, wurde mir klar, dass er von einer dieser hitzigen Versammlungen nach Hause gekommen war, auf denen über das Schicksal dieser Gegend entschieden wurde.

Das Haus war ein kleiner Raum innerhalb eines größeren, oder eine kleine Geschichte innerhalb einer größeren; man stelle sich die Geschichten wie ineinandersteckende russische Puppen vor, sodass in jenem Haus zwar furchtbare Dinge geschahen, die jedoch mit den rettenden Maßnahmen im Zusammenhang standen, die auf der County-Ebene ergriffen wurden, welche wiederum zum Teil eine Reaktion auf die gewaltsamen landesweiten und globalen

Zerstörungen waren. Ich hatte das Haus vor einem Vierteljahrhundert für immer verlassen und es in meinen Träumen erst während des letzten Jahres hinter mir gelassen, doch in das County bin ich immer wieder gern zurückgekehrt, und diesmal hatte ich gesehen, wie all jene Geschichten ineinandersteckten, und einige der Tiere, die zurückgekehrt waren, hatte ich auch gesehen. Ein paar Tage vor dem Tag mit den Engelhabichten besuchte ich noch einmal die Wapiti. Die meisten leben auf der abgelegensten Halbinsel dieser entlegenen Gegend, eine Landzunge wie ein nach Norden zeigender Finger, über dessen Knöchel ein drei Meter hoher Maschendrahtzaun lief, der ihn vom Rest der Welt trennte, eine Halbinsel, an deren Spitze mir klar geworden war, dass das Ende der Welt sowohl eine Zeit als auch ein Ort sein könnte. Sie hatten zwischen den Gräsern und kuppelförmigen Lupinenbüschen gelegen, Herden von Kühen, unter ihnen einige wenige Bullen, und Herden junger Bullen, die sich alle aufrappelten, als sie mich näher kommen hörten, ein sich aufrichtender Wald von Geweihen. Das Ende der Welt war sturmgepeitscht, doch friedlich, schwarze Kormorane und rote Seesterne auf wellenüberspülten dunklen Felsen unterhalb einer Sandklippe, und dahinter das ganze Meer, das sich weit und weiter ausdehnte.

Literaturhinweise

OFFENE TÜR

S. 9. Edgar Allan Poe, »The Daguerreotype« (1840), in: Jane M. Rabb (Hg.), *Literature and Photography. Interactions 1840–1990*, Albuquerque 1995, S. 5. Siehe auch {https://www.eapoe.org/works/mabbott/csb43c02.htm}, letzter Zugriff 11.05.2020.

S. 10. John Keats, *Werke und Briefe*, ausgew. u. übertr. von Mirko Bonné unter Verwendung der Briefübersetzungen von Christa Schuenke, Stuttgart 1995, S. 334 (Brief an George und Tom Keats vom 21. Dezember 1817).

S. 10. Walter Benjamin, *Berliner Chronik*, Frankfurt a. M. 1988, S. 15.

S. 17 f. Daniel Boone wird vielerorts zitiert. Es gibt zahlreiche Versionen dieser Äußerung, die er Chester Harding gegenüber gemacht haben soll, der den 85-Jährigen aufgesucht hatte, um ein Porträt von ihm zu malen.

S. 19. Henry David Thoreau, *Walden oder Leben in den Wäldern*, übers. v. Emma Emmerich u. Tatjana Fischer, Zürich 2004, S. 251 f.

S. 20. Virginia Woolf, *Zum Leuchtturm*, übers. v. Karin Kersten, Frankfurt a. M. 1991, S. 68 f.

S. 20 f. Virginia Woolf, »Stadtbummel: Ein Londoner Abenteuer«, übers. v. Joachim A. Frank, in: dies., *Der Tod des Falters. Essays*, Frankfurt a. M. 1997, S. 23, 35 f.

S. 22. Dorothy Lee, *Freedom and Culture*, Englewood Cliffs 1959.

S. 23. Kerry Tremain, »A Faith in Words«, in: *California Monthly* (Alumni Magazine, University of California Berkeley), September 2004.

S. 24 f. Jaime de Angulo, zitiert in: Bob Callahan, »On Jaime de Angulo«, in: ders. (Hg.), *A Jaime de Angulo Reader*, Berkeley 1979, S. xiii f.

S. 29 f. Platon, »Menon«, übers. v. Rudolf Rufener, in: *Platon. Die Werke des Aufstiegs. Euthyphron, Apologie, Kriton, Gorgias, Menon*, Zürich/München 1974, S. 419 f. Siehe auch Friedrich Schleiermachers Übersetzung: {http://12koerbe.de/pan/menon3.htm}, letzter Zugriff 11.05.2020.

DAS BLAU DER FERNE

S. 31. Robert Hass, »Meditation bei Lagunitas«, übers. v. Hans Jürgen Balmes, in: ders., *Die Wünsche der Menschen. Gedichte*, Zürich 2005, S. 27.

S. 33. Simone Weil, zitiert in: Joseph Marie Perrin, Gustave Thibon, *Wir kannten Simone Weil*, übers. v. Karl Pfleger, Paderborn 1954, S. 173.

S. 34 f. Die meisten der hier beschriebenen Gemälde befinden sich im Louvre, da Vincis Porträt hängt in der National Gallery in Washington, D. C.

S. 35. Leonardo da Vinci, *Sämtliche Gemälde und die Schriften zur Malerei*, hg. von André Chastel, übers. Marianne Schneider, München 1990, S. 261.

S. 36. Das Fotoalbum von Henry Bosse wurde 2002 neu aufgelegt: Charles Wehrenberg (Hg.), *Mississippi Blue. Henry P. Bosse and His Views on the Mississippi River between Minneapolis and St. Louis, 1883–1891*, Santa Fe 2002.

S. 40 f. Gary Paul Nabhan, Stephen Trimble, *The Geography of Childhood. Why Children Need Wild Places*, Boston 1994.

GÄNSEBLÜMCHENKETTEN

S. 50 f. Stephen Batchelor, *Buddhismus für Ungläubige*, übers. v. Jochen Eggert, Frankfurt a. M. 1998, S. 96.

S. 63 ff. Álvar Núñez Cabeza de Vaca, *Cabeza de Vaca's Adventures in the Unknown Interior of America*, übers. u. hg. von Cyclone Covey, Albuquerque 1961. Siehe auch die teilweise vom Original abweichende deutsche Übersetzung in: *Schiffbrüche. Bericht über die Unglücksfahrt der Narváez-Expedition nach der Südküste Nordamerikas 1527–1536*. 2., völlig neu bearb. Aufl., übers. u. hg. von Franz Termer, Haar b. München 1963.

S. 72. Eunice Williams, zitiert in: John Demos, *The Unredeemed Captive. A Family Story from Early America*, New York 1994.

S. 74 ff. Mary Jemison, *Niederschrift der Lebensgeschichte der Mary Jemison*, hg. u. übers. v. Urs Lauer u. Janis Osolin, Basel/Frankfurt a. M. 1979.

S. 77. Cynthia Ann Parker, zitiert in: Margaret Schmidt Hacker, *Cynthia Ann Parker. The Life and the Legend*, El Paso 1990.

S. 77 f. Thomas Jefferson Mayfield, *Indian Summer. Traditional Life among the Choinumne Indians of California's San Joaquin Valley*, Berkeley 1993.

S. 79. Pat Barker, *Niemandsland*, übers. v. Matthias Fienbork, München 1997, S. 237.

VERLASSENHEIT UND HINGABE

S. 88. John Keats, »Ode an eine Nachtigall«, in: ders., *Werke und Briefe*, ausgew. u. übertr. von Mirko Bonné unter Verwendung der Briefübersetzungen von Christa Schuenke, Stuttgart 1995, S. 142.

S. 89. Vladimir Nabokov, *Fahles Feuer*, übers. v. Dieter Zimmer, Reinbek 2008, S. 19.

S. 101. David Wojnarowicz, *Close to the Knives. Memoiren der Desintegration*, übers. v. Stefan Ernsting, Bremen 2006, S. 23 f.

S. 101. The Clash in ihrem Song »London Calling«.

DAS BLAU DER FERNE

S. 109. »Would You Lay With Me (In a Field of Stone)«, geschrieben von David Allen Coe.

S. 109. »Walking After Midnight«, geschrieben von Don Hecht und Alan Block.

S. 110. »Long Black Veil«, geschrieben von Danny Hill und Marijohn Wilkins.

S. 111 f. »No Man's Land«, geschrieben von Bob Dylan.

S. 118 ff. Tania Blixen, »Der junge Mann mit der Nelke«, übers. v. Jürgen Schweizer, in: dies., *Wintergeschichten*, Stuttgart 1985, S. 30, 22 f, 24.

ZWEI PFEILSPITZEN

S. 125. Dante Alighieri, *Die Göttliche Komödie*, übers. v. Karl Witte, durchgesehen von Berthold Wiese, Leipzig 1990, S. 407.

S. 130 f. Elsters Monolog über Madeleine wird zitiert in: Jeff Kraft, Aaron Leventhal, *Footsteps in the Fog. Alfred Hitchcock's San Francisco*, Santa Monica 2002.

S. 132. F. Scott Fitzgerald, *Der große Gatsby*, übers. v. Bettina Abarbanell, Zürich 2006, S. 224.

DAS BLAU DER FERNE

S. 145 ff. Quellen zu Yves Klein u. a.: *Yves Klein 1928–1962. A Retrospective*, ein Ausstellungskatalog des Institute for the Arts at Rice University (The Arts Publisher, New York 1982), in dem auch Thomas McEvilleys spektakulärer Essay abgedruckt ist; Nicholas Charlet, *Yves Klein*, übers. v. Egbert Baqué, München 2000, mit einem Vorwort von

Kleins Freund Pierre Restany; Sandra Stich, *Yves Klein*, übers. v. Birgit Herbst, Stuttgart 1994.

S. 150. »Zustand malerischer Sensibilität … «, in: Stich, *Yves Klein*, S. 133.

S. 151. »ins Meer … «, in: Charlet, *Yves Klein*, S. 94 f.

S. 151 f. Quellen zur Geschichte der Landkarten u. a.: Peter Whitfield, *New Found Lands. Maps in the History of Exploration*, New York 1998; Raleigh Ashlin Skeleton, *Explorers' Maps*, London 1958; Lloyd Arnold Brown, *The Story of Maps*, New York 1979 (1949); John Leighly, *California as an Island. An Illustrated Essay*, San Francisco 1972; Glen McLaughlin, Nancy H. Ma, *The Mapping of California as an Island. An Illustrated Checklist*, Saratoga 1995; Peter Turchi, *Maps of the Imagination. The Writer as Cartographer*, San Antonio 2004. In Letzterem fand ich das Zitat von Jean-Baptiste Bourguignon d'Anville.

S. 152 f. Jorge Luis Borges, *Borges und ich*, übers. v. Karl August Horst, bearbeitet von Gisbert Haefs, München 1982, S. 121.

S. 155 f. Herodot, *Geschichten und Geschichte. Buch I–IV*, übers. v. Walter Marg, Zürich/München 1973, S. 395 f.

S. 158. Slavoj Žižeks Reaktion auf Donald Rumsfeld: »Die Amerikaner kontrollieren gar nichts! Nicht mal sich selbst!«, übers. v. Nicholas G. Schneider, in: *Berliner Zeitung* (23.06.2004). Siehe auch {https://www.berliner-zeitung.de/warum-comical-ali-recht-behalten-hat-einige-ueberlegungen-ueber-abu-ghraib-und-das-unbewusste-in-der-popkultur-die-amerikaner-kontrollieren-gar-nichts-nicht-mal-sich-selbst-li.6441}, letzter Zugriff 11.05.2020.

S. 161. »Der Monochrome … «, in: Stich, *Yves Klein*, S. 217.

S. 163. »Komm mit mir in die Leere! … «, in: Stich, *Yves Klein*, S. 212 f.

EINGESCHOSSIGES HAUS

S. 173 f., 181. Carobeth Laird, *Encounters with an Angry God. Recollections of My Life with John Peabody Harrington*, Banning 1975; dies., *The Chemehuevis*, Banning 1976.

S. 176. David Henry Thoreau, *Walden oder Leben in den Wäldern*, S. 326.

S. 179–183. William Lewis Manly, *Death Valley in '49. The Autobiography of a Pioneer*, Santa Barbara 2001 (1894).

S. 185 ff. Der Vortrag im San Francisco Zen Center wurde von Abt Paul Haller gehalten.

S. 194. Der Name meines Vaters wurde erwähnt in: L. Martin Griffin, *Saving the Marin-Sonoma Coast. The Battles for Audubon Canyon Ranch, Point Reyes, and California's Russian River*, Healdsburg 1998.

S. 194. Lew Welch, »Das Lied, das der Berg Tamalpais singt«, übers. v. Stefan Hyner, in: ders., *Eherne Flügel. Gedichte*, Berlin 2003, S. 101.

Erste Auflage Berlin 2020

Göhrener Straße 7, 10437 Berlin
info@matthes-seitz-berlin.de

Umschlag: Dirk Lebahn, Berlin
Satz und Layout: Tom Mrazauskas, Berlin
Druck und Bindung: Pustet, Regensburg

ISBN 978-3-95757-953-9

www.matthes-seitz-berlin.de

Rebecca Solnit
Wanderlust

384 Seiten, gebunden mit Schutzumschlag
ISBN 978-3-95757-563-0

Dass wir gehen, scheint uns so selbstverständlich, dass wir oft vergessen, welch kultureller Reichtum, wie viel zu bergendes Glück in unserer alltäglichen Fortbewegungsart liegt. Mit ihrer ebenso leichtfüßigen wie fesselnden kulturgeschichtlichen Expedition verfasst Rebecca Solnit eine Ode an das Gehen und macht sich auf den Weg, um auf Demonstrationen, Pilgerreisen, Bergwanderungen, Stadterkundungen und auf dem Laufband dem Geheimnis des aufrechten Ganges auf die Spur zu kommen. Zu ihrer Reiselektüre gehören dabei sowohl antike Philosophen und romantische Naturschwärmer als auch umherschweifende Surrealisten und Bergsteigerberichte. Bald euphorisch, bald nachdenklich schärft sie so unser Bewusstsein für den menschengerechten Rhythmus des Gehens, in dem Körper und Geist mit der Außenwelt zusammenfinden.